AF389021

EST-IL BON?

EST-IL MÉCHANT?

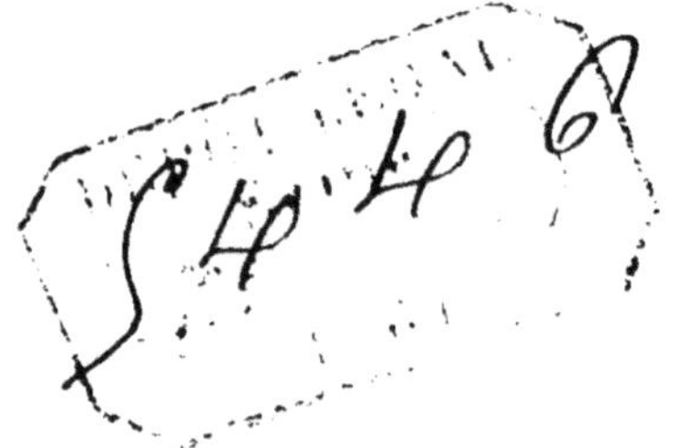

TIRAGE A PETIT NOMBRE

Il a été fait un tirage spécial de :

3o exemplaires sur papier de Chine (nos 1 à 3o).
3o — sur papier Whatman (nos 31 à 6o).
_____
6o exemplaires, numérotés.

EST-IL BON?
EST-IL MÉCHANT?

COMÉDIE EN QUATRE ACTES

DE DIDEROT

AVEC UNE

PREFACE PAR ARSÈNE HOUSSAYE

PARIS

LIBRAIRIE DES BIBLIOPHILES

Rue Saint-Honoré, 338

M DCCC LXXXIV

AVIS DES ÉDITEURS

Nous avions depuis longtemps l'intention de faire entrer dans notre collection des *Petits Chefs-d'œuvre* la pièce peu connue de Diderot : *Est-il bon? est-il méchant?* Le centenaire du grand philosophe, qui va se célébrer en ce mois de juillet 1884, nous a paru une bonne occasion de publier cette comédie. Nous l'offrons au public avec une préface de M. Arsène Houssaye, qui, dans le courant de son règne à la Comédie-Française, avait été sur le point de faire représenter l'œuvre de « son ami Diderot », comme il aimait à l'appeler. M. Arsène Houssaye ne s'est pas borné à donner en quelques lignes son opinion sur *Est-il bon? est-il méchant?* il a voulu encore, en raison des circonstances, rendre un nouvel hommage à l'homme pour lequel il professe une si profonde et si sincère admiration. Nous ne pensons pas que nos lecteurs soient tentés de s'en plaindre.

PRÉFACE

*C*OMME *toutes les œuvres de Diderot, cette comédie* EST-IL BON? EST-IL MÉCHANT? *porte l'empreinte de son génie si éloquent et si familier, et brille surtout par l'entrain du dialogue.*

On n'étudie aussi bien le cœur humain que lorsqu'on a traversé toutes les philosophies anciennes, lorsqu'on a étudié la vie moderne, lorsqu'on s'est étudié soi-même. C'était la grammaire de Diderot de n'avoir que celle de son cœur et de son esprit. Tout est dans l'homme, par les souvenirs, par la réverbération, par la soif du lendemain. Peut-être, pour créer sa comédie, Diderot voulait-il trop prouver?

Molière est moraliste, non pas sans le savoir, comme M. Jourdain, mais il semble ne donner la leçon que par la force des choses, hormis dans le TARTUFFE, *parce que là il ne frappera jamais assez fort.*

Diderot, dans son comique, prêche trop souvent. On sent à chaque scène que le réformateur est en chaire;

mais, à cela près, quelle lumière éclatante pour suivre tous les méandres d'une action qui vous prend par la curiosité et par l'émotion, par l'art et par le mouvement, par l'idéal et par la vérité !

Cette comédie, nous voulions la jouer vers 1850 ; mais, faut-il le dire, les théâtres n'avaient plus guère de spectateurs en ce temps-là ; il fallait lutter tous les jours par les œuvres des vivants, les morts illustres ne faisant plus d'argent, comme on dit dans le style des coulisses. On n'avait pas, comme aujourd'hui, tout un public fidèle ni tout un public de passage qui remplit la salle quoi qu'on lui donne. Paris a doublé par la population flottante, sinon par la population parisienne.

On remit donc au lendemain EST-IL BON ? EST-IL MÉCHANT ? puis au surlendemain, puis à des temps meilleurs, au grand chagrin de Champfleury, qui disait : « Et pourtant elle tourne ! » et qui s'était fait l'ardent promoteur de cette comédie retrouvée de Diderot [1].

---

1. Ce n'est pas Champfleury qui fit la découverte de cet enfant trouvé, mais il se démena vigoureusement pour lui faire un sort. Cette pièce, que Diderot avait écrite jusqu'à quatre fois, sans jamais la faire imprimer, vint en la possession de l'éditeur Paulin en 1830. Il la fit d'abord paraître dans la *Revue rétrospective* (1834, t. III), et la donna ensuite dans un appendice placé à la fin d'une édition en quatre volumes des *Mémoires, correspondances et ouvrages inédits de Diderot*. Elle vient de reparaître dans les œuvres

Autres temps, autres mœurs tragiques : on trouverait aujourd'hui une tragédie de Voltaire, qu'on ne la jouerait pas ; et Voltaire en serait bien étonné, lui qui se croyait tout à la fois le Corneille et le Racine du XVIIIe siècle. Diderot serait moins surpris en ne voyant plus sur l'affiche son PÈRE DE FAMILLE. Il comprendrait que chaque siècle doit donner sa propre comédie. Le théâtre est l'école des mœurs du jour ; le public veut voir le soir la synthèse de ce qu'il a vu dans la journée. Voilà pourquoi Diderot, tout en gardant sa grande figure, ne peut entrer en lutte, avec ses comédies du XVIIIe siècle, contre Dumas, Augier, Sardou, Meilhac, qui peignent chacun le tableau de nos passions et de nos ridicules.

Mais Diderot, dont le génie était si varié, n'en a pas moins acquis son droit à l'immortalité. Il eut même un jour la fantaisie de devenir immortel de son vivant, dans le sens académique du mot.

Quand il se présenta devant l'illustre assemblée, on se demanda là d'où il venait. « De Langres, ré-

---

complètes de Diderot publiées récemment par Assézat, et c'est aujourd'hui qu'elle est, pour la première fois, imprimée séparément dans un volume destiné aux bibliophiles. — Un autre admirateur de Diderot, Charles Baudelaire, fit aussi une tentative auprès de M. Hostein, directeur de la Gaîté, pour qu'il représentât sur son théâtre *Est-il bon ? est-il méchant ?* Mais M. Hostein déclina cette « bonne fortune littéraire », en s'appuyant sur ce que la pièce n'était pas faite pour la scène.

pondit gravement d'Alembert, Langres, où il aura un jour sa statue. — Eh bien, dit un immortel (c'était l'abbé Trublet), qu'il retourne à Langres, et qu'il y fabrique des couteaux. »

D'Alembert eut beau dire que Diderot était l'âme ardente de l'ENCYCLOPÉDIE, c'est-à-dire l'âme de la France nouvelle, avec un autre inconnu qui s'appelait M. de Voltaire : Diderot n'obtint qu'une voix à l'Académie, celle de d'Alembert, car celle de l'opinion publique ne compte pas à l'Académie.

Je dois dire que M. de Voltaire était à Ferney et M. de Buffon à Montbars. Marivaux était mort, Le Sage n'était pas de l'Académie ; messieurs les Quarante furent unanimes contre Diderot et pour Guibert, Thomas et Radonvilliers !

Aujourd'hui la prédiction de d'Alembert s'est accomplie : Diderot a sa statue à Langres. Ce grand nom éclate au soleil de l'opinion comme le miroir de la vérité.

L'abbé Trublet avait dit encore en parlant de Diderot : « Je dis la messe tous les matins, et je ne veux pas qu'un athée soit comme moi un des Quarante. » Quand on rapporta ce beau raisonnement à Diderot, il se mit à rire et dit : « L'abbé Trublet a raison, il faut qu'il y ait un endroit au monde où l'abbé Trublet se trouve supérieur à Diderot. »

L'Académie eut tort de considérer Diderot comme un athée. Les philosophes du XVIIIe siècle prouvaient

Dieu par la peine qu'ils se donnaient pour prouver qu'il n'existait pas. Tout le monde vengea Diderot de son échec à l'Académie. Voltaire lui écrivit cette lettre un peu montée de ton : « On ne peut s'empêcher d'écrire à Socrate quand les Mélitus et les Anytus se baignent dans le sang et allument les bûchers. Je ne conçois pas comment un esprit, un cœur comme le vôtre, peut habiter le pays des singes devenus tigres. »

Pourquoi d'Alembert, ce grand esprit, a-t-il perdu pied parmi les souverains de la pensée ? Pourquoi Diderot, qui était au second rang, le dépasse-t-il de toute la tête ? C'est que d'Alembert, esprit sage, nature de géomètre, n'osait pas dire toute la vérité, tandis que Diderot ouvrait sa main toute grande, aimant mieux répandre des erreurs que de retenir une seule idée. Ces natures qui se donnent tout entières, on les aime et on ne les oublie pas ; on revient à elles à chaque période nouvelle, à chaque étape de l'esprit humain.

Les grands de ce monde avaient raison de d'Alembert, qui voyait le but, mais qui n'osait le franchir ; Diderot le touchait d'une main sûre, Voltaire le dépassait, sauf à rebrousser chemin. Mais, quelle que soit leur part à chacun dans les victoires et les conquêtes de la pensée humaine, saluons-les tous les trois avec une reconnaissance filiale. Le XVIIIᵉ siècle ne fut pas fils du XVIIᵉ, tandis que nous sommes tous fils du XVIIIᵉ.

Il y a pourtant plus d'un reproche à faire à Diderot. Pourquoi s'est-il trop souvent détaché du déisme de Voltaire et de d'Alembert pour courir les aventures avec d'Holbach, Helvétius et autres fanfarons qui jouaient un rôle sur la scène philosophique? Voltaire, comme d'Alembert, n'était pas si sot que de jouer à l'athéisme. Il a toujours parlé de Dieu avec un cœur pénétré de reconnaissance. S'il a nié la divinité de Jésus-Christ, il a reconnu respectueusement sa divine sagesse à celui

Qui daigna tout nous dire en nous disant d'aimer.

Beau vers, puisque c'est une belle vérité. Au fond, c'était la sagesse de Diderot. Les autres philosophes du XVIIIᵉ siècle ont manqué de grandeur et de poésie. Leur raison ne dépasse pas la nature visible, et ils ne l'ont pas bien contemplée, cette image de Dieu.

D'ailleurs, après toutes ses aventures dans le pays du néant, Diderot est revenu au pays natal, c'est-à-dire à Dieu.

Je l'ai déjà dit : Diderot est une des grandes figures qui rayonnent dans le tableau d'un siècle. Sous les nuages amoncelés, il tient sa place comme artiste et comme philosophe dans l'histoire des arts et des idées. Son souvenir a je ne sais quoi de grandiose et de charmant. C'est le génie du paradoxe, c'est l'héroïsme de l'audace et de la passion. Il porte le

XVIIIe siècle sur ses épaules, comme le vieil Atlas portait le monde. Il a son temple à lui, temple immortel, quoique déjà ruiné, l'ENCYCLOPÉDIE, d'où la Révolution est sortie tout armée !

Les ruines de l'ENCYCLOPÉDIE seront pieusement admirées dans l'avenir comme les débris du Parthénon de l'esprit humain au XVIIIe siècle. Quand l'architecte est un grand artiste, le temple survit au dieu qu'on y adorait. La philosophie de Diderot est tombée de l'autel, mais son temple est toujours debout. Diderot a dépassé de si loin ses frères d'armes qu'il pourrait sans surprise se réveiller aujourd'hui parmi nous. Il est tout à la fois le commencement de Mirabeau, le premier cri de la Révolution française et le dernier mot de tous nos beaux rêves. Il a été le vrai révolutionnaire : à la tribune de 1789, il eût fait pâlir Mirabeau et Danton, car, lorsqu'il se passionnait pour le culte des idées, il avait toutes les magnificences de la tempête. Nul de ses livres ne peut donner une idée de son éloquence hardie et entraînante.

Il y a le caractère olympien dans cette belle tête, où toutes les idées grondent comme l'orage. Les autres chefs de la vaillante armée encyclopédique ne sont là que pour tempérer son ardeur ou pour profiter de ses conquêtes. Tous, Jean-Jacques lui-même, sont plus préoccupés des lauriers que de la victoire. Diderot seul ne pense pas aux lauriers.

Diderot a été surtout le soleil lumineux d'un jour

d'orage ; ses rayons ont tout réchauffé, tout illuminé, tout brûlé ; le lendemain un autre soleil a paru, mais on s'est souvenu des vifs rayons et des coups de feu du soleil Diderot. A ce foyer fécond tous les contemporains prenaient la vie et la lumière. Que serait-ce que d'Holbach, Helvétius, Grimm, l'abbé Raynal, Sedaine, d'Alembert lui-même, si Diderot n'eût pas soufflé le feu sur leur front ? Voltaire lui doit ses derniers enthousiasmes ; Jean-Jacques lui doit sa première idée, — l'idée de toute sa vie [1].

Étrange nature ! Dieu lui a tout donné : rien ne manque à cette riche créature, rien, si ce n'est Dieu lui-même. L'enfant prodigue a fui la maison paternelle sans en garder un pieux souvenir pour les mauvais jours. .

*Fénélon, ce panthéiste sans le savoir, ce chrétien d'une si amoureuse mélancolie, qui rêvait pour son Eden une ville de Calypso plutôt qu'un paradis retrouvé, aurait accueilli sans trop se fâcher le Télémaque de M*lle *Voland.*

Seulement Diderot, amoureux des femmes et des arts, poète par les yeux comme par le cœur, a son idéal dans le monde visible, tandis que Fénélon a son idéal dans le monde invisible. Diderot prend son point de départ sur la terre, Fénélon le prend au

---

1. Le discours pour l'Académie de Dijon contre les arts et les sciences.

ciel ; mais ils se rencontrent bientôt dans le même amour, dans la même intelligence, comme le cœur et l'âme.

Diderot a été la préface de tous ceux qui l'ont suivi en politique, en philosophie et en littérature. Gœthe lui-même s'est trempé aux sources de ce grand esprit. N'est-ce pas l'Allemagne qui nous a renvoyé le NEVEU DE RAMEAU ? Diderot avait à lui tout seul autant d'humour que Sterne et que Swift. JACQUES LE FATALISTE vaut moins et plus que CANDIDE. Sans l'ENCYCLOPÉDIE, qui étouffait son imagination, Diderot eût été le Janus du roman : il aimait les courtisanes de Pétrone, mais il aimait autant que Richardson les chastes passions de Clarisse et de Paméla. CECI N'EST PAS UN CONTE contient en germe toutes ces tragédies des amours trahies dont ont vécu nos inventeurs contemporains. Ses comédies sont des romans. EST-IL BON ? EST-IL MÉCHANT ? est une merveilleuse étude psychologique comme le PÈRE DE FAMILLE.

Diderot aimait la peinture et la statuaire, parce qu'il peignait et sculptait en écrivant. Ses livres d'art sont plus que des livres : ce sont des galeries de tableaux. Il a été pour l'art du XVIIIᵉ siècle ce que Winckelmann a été pour l'art antique : deux soleils dont le rayon tombera éternellement sur la CRUCHE CASSÉE et sur le LAOCOON !

Quand vint Diderot, la langue française tombait

dans l'anémie ; grâce à Voltaire et à Montesquieu, elle était nerveuse toujours ; mais combien d'écrivains de seconde main lui donnaient les pâles couleurs des précieuses ! Diderot lui donna son sang rouge et chaud ; il la releva du SOPHA de Crébillon, et la mit en pleine nature pour qu'elle reprît ses forces vives. Elle aspirait à être femme de cour, Diderot la força à se faire plébéienne, mais avec le grand air que donne le génie.

Avant Jean-Jacques, Diderot avait secoué sous ses pieds l'arome de la nature ; mais ce que Jean-Jacques ne trouva jamais, Voltaire non plus, c'est ce sentiment de l'antique, c'est ce sens de l'art, qui donne tant de couleur et de relief au style. Voltaire, aux portes d'Italie, n'eut jamais le courage d'aller à Rome. Jean-Jacques, secrétaire d'ambassade à Venise, n'y a vu ni une statue ni un tableau. Diderot n'avait pas eu besoin de quitter Paris pour voir ou deviner les chefs-d'œuvre des mondes disparus. Ce fils de coutelier était-il donc de meilleure maison que ce fils de notaire et ce fils d'horloger ?

ARSÈNE HOUSSAYE.

EST-IL BON?

EST-IL MÉCHANT?

PERSONNAGES

MADAME DE CHEPY, amie de Mme de Malves.

MADAME DE VERTILLAC, amie de M^mo de Chepy.

MADEMOISELLE DE VERTILLAC.

MADAME BERTRAND, veuve d'un capitaine de vaisseau.

MADEMOISELLE BEAULIEU, femme de chambre de M^nie de Chepy.

MONSIEUR HARDOUIN, ami de Mme de Chepy.

MONSIEUR DES RENARDEAUX, avocat bas-normand.

MONSIEUR DE CRANCEY, amant de M^llo de Vertillac.

MONSIEUR POULTIER, premier commis de la marine.

MONSIEUR DE SURMONT, poète, ami de M. Hardouin.

LE MARQUIS DE TOURVELLE, de la connoissance de M. Hardouin.

BINBIN, enfant de Mme Bertrand.

DES DOMESTIQUES ET DES ENFANS.

———

La scène est dans la maison de Madame de Malves.

EST-IL BON?
EST-IL MÉCHANT?

ACTE PREMIER

SCÈNE PREMIÈRE.

MADAME DE CHEPY, MADEMOISELLE BEAULIEU, sa femme de chambre, PICARD et FLAMAND, deux laquais.

MADAME DE CHEPY.

Picard, écoutez-moi : je vous défends d'ici à huit jours d'aller chez votre femme.

PICARD.

Huit jours ! c'est bien long.

MADAME DE CHEPY.

En effet, c'est fort pressé de faire un gueux de plus, comme si l'on en manquoit!

PICARD, *à part.*

Si l'on nous ôte la douceur de caresser nos femmes, qu'est-ce qui nous consolera de la dureté de nos maîtres?

MADAME DE CHEPY.

Et vous, Flamand, retenez bien ce que je vais vous dire... Mademoiselle, la Saint-Jean n'est-elle pas dans trois jours?

MADEMOISELLE BEAULIEU.

Non, Madame, c'est après-demain.

MADAME DE CHEPY.

Miséricorde! je n'ai pas un moment à perdre... Si d'ici à deux jours (le terme est court) je découvre que vous ayez mis le pied au cabaret, je vous chasse. Il faut que je vous aie tous sous ma main et que je ne vous trouve pas hors d'état de faire un pas et de prononcer un mot. Songez qu'il n'en seroit pas cette fois comme de vendredi dernier. L'opéra fini, nous quittons la loge avant le ballet; nous descendons. Mme de Malves et moi, nous voilà sous le vestibule; on appelle, on crie, personne ne vient; l'un est je ne sais où, l'autre est mort ivre; point de voitures; et, sans le marquis de Tourvelle, qui se trouva là par hasard et qui nous prit en pitié, je ne sais ce que nous serions devenues.

PICARD.

Madame, est-ce là tout?

MADAME DE CHEPY.

Vous, Picard, allez chez le tapissier, le décorateur, les musiciens; soyez de retour dans un clin d'œil, et, s'il se peut, amenez-moi tous ces gens-là. Vous, Flamand... Quelle heure est-il?

FLAMAND.

Il est midi.

MADAME DE CHEPY.

Midi? il ne sera pas encore levé. Courez chez lui... Allez donc.

FLAMAND.

Qui, lui?

MADAME DE CHEPY.

Oh! que cela est bête!... M. Hardouin. Dites-lui qu'il vienne, qu'il vienne sur-le-champ, que je l'attends, et que c'est pour chose importante.

SCÈNE II.

MADAME DE CHEPY, MADEMOISELLE BEAULIEU.

MADAME DE CHEPY.

Beaulieu, par hasard, sauriez-vous lire?

MADEMOISELLE BEAULIEU.

Oui, Madame.

MADAME DE CHEPY.

Avez-vous jamais joué la comédie?

MADEMOISELLE BEAULIEU.

Plusieurs fois. C'est la folie de ma province.

MADAME DE CHEPY.

Vous déclameriez donc un peu?

MADEMOISELLE BEAULIEU.

Un peu.

SCÈNE III.

MADAME DE CHEPY, MADAME DE VERTILLAC, MADEMOISELLE BEAULIEU.

MADAME DE CHEPY.

C'est vous! Quand je vous aurois appelée, vous ne m'arriveriez pas plus à propos.

MADAME DE VERTILLAC.

A quoi vous serois-je bonne?

MADAME DE CHEPY.

Embrassons-nous d'abord... Embrassons-nous encore... Mademoiselle, approchez une chaise, laissez-nous, et revenez avec plume, encre, papier : il faut qu'il trouve tout préparé.

SCÈNE IV.

**MADAME DE CHEPY, MADAME DE VER-
TILLAC**, *en habit de voyageuse;* **MADEMOI-
SELLE BEAULIEU,** *rentrant sur la fin de la
scène avec papier, plume et encre, et suivie d'un
domestique qui porte une table.*

MADAME DE VERTILLAC.

Je descends de ma chaise, je m'informe de votre
demeure et je viens. Je suis brisée. Un temps horrible, des chemins abominables, des maîtres de
poste insolens, les chevaux de l'Apocalypse, des
postillons polis, oui, polis, mais d'une lenteur à
périr. « Allons donc, postillon, nous n'avançons
pas; à quelle heure veux-tu que nous arrivions ?...»
Ils sont sourds, ils n'en donnent pas un coup de
fouet de plus, et nous avons été trois journées,
trois mortelles journées, à faire une route de quinze
heures.

MADAME DE CHEPY.

Et pourroit-on, sans être indiscrète, vous demander quelle importante affaire vous amène ici
dans cette saison? Ce n'est rien de fâcheux, j'espère.

MADAME DE VERTILLAC.

Je fuis devant un amant.

MADAME DE CHEPY.

Quand on fuit devant un amant, ce n'est pas de la lenteur des postillons qu'on se plaint.

MADAME DE VERTILLAC.

Si c'étoit devant un amant de moi, vous auriez raison; mais c'est devant un amant de ma fille.

MADAME DE CHEPY.

Votre fille est en âge d'être mariée, et c'est une enfant trop raisonnable pour avoir fait un mauvais choix.

MADAME DE VERTILLAC.

Son amant est charmant; une figure intéressante, de la naissance, de la considération, de la fortune, des mœurs! mon amie, des mœurs!

MADAME DE CHEPY.

Ce n'est donc pas votre fille qui est folle?

MADAME DE VERTILLAC.

Non.

MADAME DE CHEPY.

C'est donc vous?

MADAME DE VERTILLAC.

Peut-être.

MADAME DE CHEPY.

Et pourroit-on savoir ce qui empêche ce mariage?

MADAME DE VERTILLAC.

La famille du jeune homme. Enterrez-moi ce soir toute cette ennuyeuse, impertinente et triste famille, toute cette clique maussade de Crancey, et je marie ma fille demain.

MADAME DE CHEPY.

Je connois peu les Crancey, mais ils passent pour les meilleures gens du monde.

MADAME DE VERTILLAC.

Qui le leur dispute? Je commence à vieillir, et je me flattois de passer le reste de mes jours avec des gens aimables, et me voilà condamnée à entendre un vieux grand-père radoter des sièges et des batailles; une belle-mère m'excéder de la litanie des grandes passions qu'elle a inspirées, sans en avoir jamais partagé aucune, cela va sans dire; et du matin au soir deux fanatiques bigotes de sœurs se haïr, s'injurier, s'arracher les yeux sur des questions de religion auxquelles elles ne comprennent pas plus que leurs chiens; et puis un grand benêt de magistrat, plein de morgue, idolâtre de sa figure, qui vous raconte, en tirant son jabot et ses manchettes et en grasseyant, des histoires de la ville et du palais qui m'intéresseront encore moins que lui. Et vous me croyez femme à supporter le ton familier et goguenard de son frère le militaire? Point d'assemblées, point de bal. Je gage qu'on n'use pas là deux sizains de cartes dans toute une année. Tenez, mon amie, la seule pensée de cette vie et de ces personnages me fait soulever le cœur.

MADAME DE CHEPY.

Mais il s'agit du bonheur de votre fille.

MADAME DE VERTILLAC.

Et du mien aussi, ne vous déplaise.

MADAME DE CHEPY.

Et vous avez pensé que votre fille perdroit ici sa passion?

MADAME DE VERTILLAC.

Je m'attends bien qu'ils s'écriront, qu'ils se jureront une constance éternelle, et que ces belles protestations iront et reviendront par la poste un mois, deux mois, mettons un an; mais l'amour ne tient pas contre l'absence. Un peu plus tôt, un peu plus tard, il se présentera un homme aimable qu'on rebutera d'abord, qui me conviendra et qui finira par lui convenir.

MADAME DE CHEPY.

Et par faire son malheur.

MADAME DE VERTILLAC.

Malheureuse par l'un ou par l'autre, qu'importe?

MADAME DE CHEPY.

Il importe beaucoup que ce soit de sa faute et non de la vôtre.

MADAME DE VERTILLAC.

Mais laissons cela, nous aurons le temps de traiter cette affaire plus à fond. Je vous supplie seulement de ne pas achever d'entêter ma fille; je vous connois, vous en seriez bien capable. Et mon petit Hardouin, dites-moi, le voyez-vous?

MADAME DE CHEPY.

Rarement.

MADAME DE VERTILLAC.

Qu'en faites-vous?

MADAME DE CHEPY.

Rien qui vaille. Il court le monde, il pourchasse trois ou quatre femmes à la fois; il fait des soupers, il joue, il s'endette; il fréquente chez les grands, et perd son temps et son talent peut-être un peu plus agréablement que la plupart des gens de lettres.

MADAME DE VERTILLAC.

Où loge-t-il?

MADAME DE CHEPY.

Est-ce que vous vous y intéresseriez encore?

MADAME DE VERTILLAC.

J'en ai peur. Je comptois lui trouver, sinon une réputation faite, du moins en bon train.

MADAME DE CHEPY.

Si vous désirez le voir, il sera ici dans un moment, et, je crois, pour toute la journée.

MADAME DE VERTILLAC.

Tant mieux. J'ai à lui parler d'une affaire qui me tient fort à cœur. Ne connoît-il pas ce marquis, ce grand flandrin de marquis, à qui il ne manquoit qu'un ridicule, celui de la bigoterie, et qui va le dos courbé, la tête penchée comme un homme qui médite les années.éternelles, avec un énorme bréviaire sous le bras?...

MADAME DE CHEPY.

Le marquis de Tourvelle?

MADAME DE VERTILLAC.

Lui-même.

MADAME DE CHEPY.

Je l'ignore. (*Ici Mlle Beaulieu rentre avec le laquais.*)

MADAME DE VERTILLAC.

Je vais prendre un peu de repos dont j'ai grand besoin, m'habiller et revenir. Vous me donnerez votre marchande de modes et votre coiffeur, n'est-ce pas? Vous voilà fraîche comme la rose; et je compte bien qu'un de ces matins vous me confierez le secret de se bien porter et de ne pas vieillir. Au plaisir de vous revoir... Mais ne m'avez-vous pas dit que je pouvois vous être utile? A quoi?

MADAME DE CHEPY.

Vous le saurez; ne tardez pas à revenir.

SCÈNE V.

MADAME DE CHEPY, MADEMOISELLE BEAULIEU.

MADAME DE CHEPY.

Elle est un peu folle, mais elle en fait les rôles
à ravir. Et vous, dans quelle pièce avez-vous joué?

MADEMOISELLE BEAULIEU.

Dans *le Bourgeois gentilhomme, la Pupille, le Philosophe sans le savoir, Cénie, le Philosophe marié.*

MADAME DE CHEPY.

Et dans celle-ci, que faisiez-vous?

MADEMOISELLE BEAULIEU.

Finette.

MADAME DE CHEPY.

Vous rappelleriez-vous un endroit... un certain
endroit où Finette fait l'apologie des femmes?

MADEMOISELLE BEAULIEU.

Je le crois.

MADAME DE CHEPY.

Récitez-le.

MADEMOISELLE BEAULIEU.

... Soit. Mais, telles que nous sommes,
Avec tous nos défauts nous gouvernons les hommes,
Même les plus huppés, et nous sommes l'écueil
Où viennent échouer la sagesse et l'orgueil.

Vous ne nous opposez que d'impuissantes armes,
Vous avez la raison, et nous avons les charmes;
Le brusque philosophe, en ses sombres humeurs,
Vainement contre nous élève ses clameurs :
Ni son air refrogné, ni ses cris, ni ses rides,
Ne peuvent le sauver de nos yeux homicides.
Comptant sur sa science et ses réflexions,
Il se croit à l'abri de nos séductions :
Une belle paroît, lui sourit et l'agace;
Crac... au premier assaut, elle emporte la place.

MADAME DE CHEPY.

Mais pas mal, point du tout mal.

MADEMOISELLE BEAULIEU.

Est-ce que madame se proposeroit de faire jouer
une pièce?

MADAME DE CHEPY.

Tout juste.

MADEMOISELLE BEAULIEU.

Oserois-je lui en demander le titre?

MADAME DE CHEPY.

Le titre? Je ne le sais pas; elle n'est pas faite.

MADEMOISELLE BEAULIEU.

On la fait apparemment.

MADAME DE CHEPY.

Non, je cherche un auteur.

MADEMOISELLE BEAULIEU.

Madame ne sera embarrassée que du choix; elle
en a cinq ou six autour d'elle.

MADAME DE CHEPY.

Si vous saviez combien ces animaux-là sont quin-
teux! Chacun d'eux aura sa défaite.

MADEMOISELLE BEAULIEU.

Mais j'avois ouï dire que c'étoit une chose difficile à faire qu'une pièce.

MADAME DE CHEPY.

Oui, comme on les faisoit autrefois.

SCÈNE VI.

**MADAME DE CHEPY, MADEMOISELLE
BEAULIEU, PICARD,** *en clopinant.*

MADAME DE CHEPY.

Et vous revenez sans m'amener personne?

PICARD, *se tenant la jambe.*

Ahi! ahi!

MADAME DE CHEPY, *en clopinant aussi.*

Ahi! ahi! il s'agit bien de cela. Mes ouvriers?

PICARD.

Je ne les ai pas vus. Il y a quatre marches à la
porte de ce maudit tapissier; j'ai voulu les enjam-
ber toutes quatre à la fois, et je me suis donné une
bonne entorse. Ahi! ahi!

MADAME DE CHEPY.

Peste soit du sot et de son entorse! Qu'on fasse venir Valdajou et qu'il voie à cela.

SCÈNE VII.

MADAME DE CHEPY, MADEMOISELLE BEAULIEU.

MADAME DE CHEPY.

Ces contrariétés-là ne sont faites que pour moi. Au lieu de se donner une entorse aujourd'hui, que ne se cassoit-il la jambe dans quatre jours! Cela prend toujours mal son temps.

MADEMOISELLE BEAULIEU.

Mais, puisque madame n'a point de pièce et qu'elle ne sait pas même si elle en aura une, il me semble...

MADAME DE CHEPY.

Il vous semble! il vous semble! Il me semble à moi qu'il faudroit se taire; je n'aime pas qu'on me raisonne. Je sais toujours ce que je fais.

MADEMOISELLE BEAULIEU, à part.

Et ce que vous dites.

SCÈNE VIII.

MADAME DE CHEPY, MADEMOISELLE BEAULIEU, FLAMAND, *ivre, avec un mouchoir autour de la tête.*

FLAMAND.

Madame, je viens... c'est, je crois, de chez M. Hardouin... Oui, Hardouin... là, au coin de la rue... au coin de la rue qu'elle m'a dite... Il demeure diablement haut, et son escalier étoit diablement difficile à grimper; un petit escalier étroit... (*en se dandinant comme un homme ivre*) à chaque marche on touche la muraille ou la rampe... J'ai cru que je n'arriverois jamais... J'arrive pourtant... « Parſez donc, Mademoiselle, cette porte n'est-ce pas celle de monsieur... de monsieur...? — Qui, monsieur? me répond une petite voisine... jolie, pardieu! très jolie... — Un monsieur qui fait des vers, oui, des vers. — Frappez, mais frappez fort, il est rentré tard, et je crois qu'il dort... »

MADAME DE CHEPY.

Maudite brute, archibrute, finiras-tu ton bavardage? Viendra-t-il, ne viendra-t-il pas?

FLAMAND.

Mais, Madame, il n'est pas encore éveillé, il

faut d'abord que je l'éveille... Je me dispose à donner un grand coup de pied dans sa porte... et voilà la tête qui part la première; la porte jetée en dedans; moi, Flamand, étendu à la renverse, le faiseur de vers s'élançant de son lit en chemise, écumant de rage, sacrant, jurant, et jurant avec une grâce! au demeurant bon homme; il me relève. « Mon ami, ne t'es-tu point blessé? Voyons ta tête. »

MADAME DE CHEPY.

Finis, finis, finis! Que t'a-t-il dit? que lui as-tu dit?

FLAMAND.

Est-ce que madame ne pourroit pas faire ses questions l'une après l'autre? Tant de questions à la fois, cela me brouille.

MADAME DE CHEPY.

Je n'y tiens plus.

FLAMAND.

Je lui ai dit que madame... madame... comme vous vous appelez... là, votre nom...

MADAME DE CHEPY.

Sortez, vilain ivrogne.

FLAMAND.

Moi, Flamand, un ivrogne!... Parce que je rencontre mon compère, celui qui a tenu le dernier enfant de ma femme... Oui, de ma femme... Il est bien d'elle... Et puis voilà un autre compère, le

compère La Haie... Comment résister à deux compères? à deux compères!

MADAME DE CHEPY.

Je les chasserai tous, cela est décidé.

FLAMAND.

Si madame est si difficile, elle n'en gardera point.

MADAME DE CHEPY.

L'un s'éclope, l'autre s'enivre et se fend la tête.
Qu'on est à plaindre de ne pouvoir s'en passer!

SCÈNE IX.

MADAME DE CHEPY, MADEMOISELLE BEAULIEU, FLAMAND, MONSIEUR HARDOUIN.

FLAMAND.

Eh! Madame, le voilà... Je le reconnois, c'est
lui... Monsieur... monsieur le faiseur de vers,
n'est-ce pas? c'est, ma foi, bien heureux!...

MADAME DE CHEPY.

Mademoiselle, si vous n'avez pas la charité de
lui donner le bras, il ne sortira jamais d'ici.

MONSIEUR HARDOUIN.

Si ma porte eût résisté, il étoit mort.

FLAMAND.

Allons, Mademoiselle, obéissez à votre maîtresse,

donnez-moi le bras... Comme il est rond!... Comme il est ferme!

MONSIEUR HARDOUIN.

Il a la tête dure et le cœur tendre.

FLAMAND.

Madame, puisque mademoiselle fait tout ce que vous lui dites...

MADAME DE CHEPY.

Tirez, tirez, insolent.

SCÈNE X.

MADAME DE CHEPY, MONSIEUR HARDOUIN, MADEMOISELLE BEAULIEU, *assise sur le fond et travaillant.*

MONSIEUR HARDOUIN.

Est-ce de votre part que ce laquais est venu?

MADAME DE CHEPY.

Oui.

MONSIEUR HARDOUIN.

Si je l'ai deviné, ce n'est pas sa faute, car il ne savoit à qui il étoit, d'où il venoit, ce qu'il vouloit.

MADAME DE CHEPY.

Puis comptez sur ces maroufles-là!

MONSIEUR HARDOUIN.

Il m'a fait grand tort; je dormois si bien et j'en

avois si grand besoin! Il étoit près de cinq heures quand je suis rentré, après la journée la plus ennuyeuse et la plus fatigante. Imaginez la lecture d'un drame détestable, comme ils sont tous; la compagnie la plus triste, un souper maussade et qui ne finissoit point, et un brelan cher, où j'ai perdu la possibilité et essuyé la mauvaise humeur des gagnans dépités, à chaque coup, de n'avoir pas gagné davantage.

MADAME DE CHEPY.

C'est bien fait; que ne veniez-vous ici?

MONSIEUR HARDOUIN.

M'y voilà; et toutes mes disgrâces seront bientôt oubliées, si je puis vous être de quelque utilité. De quoi s'agit-il?

MADAME DE CHEPY.

De me rendre le plus important service. Vous connoissez Mme de Malves?

MONSIEUR HARDOUIN.

Non pas personnellement; mais on lui accorde, d'une voix assez unanime, de la finesse dans l'esprit, de la gaieté douce, du goût, de la connoissance dans les beaux-arts, un grand usage du monde, et un jugement sûr et exquis.

MADAME DE CHEPY.

Voilà les qualités qu'elle a pour tous et dont je fais cas assurément, mais je prise encore davantage celles qu'elle tient en réserve pour ses amis.

MONSIEUR HARDOUIN.

Je vis avec quelques-uns qui la disent mère indulgente, bonne épouse et excellente amie.

MADAME DE CHEPY.

Il y a six à sept ans que nous sommes liées, et je lui dois la meilleure partie du bonheur de ma vie. C'est auprès d'elle que je vais chercher et que je trouve un sage conseil quand j'en ai besoin; la consolation dans mes peines qui lui font quelquefois oublier les siennes, et cette satisfaction si douce qu'on éprouve à confier ses instans de plaisir à quelqu'un qui sait les écouter avec intérêt. Eh bien, c'est incessamment le jour de sa fête.

MONSIEUR HARDOUIN.

Et il vous faudroit un divertissement, un proverbe, une petite comédie?

MADAME DE CHEPY.

C'est cela, mon cher Hardouin.

MONSIEUR HARDOUIN.

Je suis désespéré de vous refuser net, mais tout net. Premièrement, parce que je suis excédé de fatigue et qu'il ne me reste pas une idée, mais pas une. Secondement, parce que j'ai heureusement, ou malheureusement, une de ces têtes auxquelles on ne commande pas. Je voudrois vous servir que je ne le pourrois.

MADAME DE CHEPY.

Ne diroit-on pas qu'on vous demande un chef-
d'œuvre ?

MONSIEUR HARDOUIN.

Vous demandez au moins une chose qui vous
plaise, et cela ne me paroît pas aisé ; qui plaise à
la personne que vous voulez fêter, et cela est très
difficile ; qui plaise à sa société, qui est faite aux
belles choses ; enfin qui me plaise à moi, et je ne
suis presque jamais content de ce que je fais.

MADAME DE CHEPY.

Ce ne sont là que les fantômes de votre paresse
ou les prétextes de votre mauvaise volonté. Vous
me persuaderez peut-être que vous redoutez beaucoup mon jugement ! Mon amie, j'en conviens, a
le goût délicat et le tact exquis, mais elle est juste,
et sera plus touchée d'un mot heureux que blessée
d'une mauvaise scène ; et, quand elle vous trouve-
roit un peu plat, qu'est-ce que cela vous feroit ?
Vous auriez tort de craindre nos beaux esprits,
dont nous suspendrons la critique en vous nom-
mant. Pour vous, Monsieur, c'est autre chose ;
après avoir été mécontent de vous-même tant de
fois, vous en serez quitte pour être injuste une fois
de plus.

MONSIEUR HARDOUIN.

D'ailleurs, Madame, je n'ai pas l'esprit libre.

Vous connoissez Mme Servin? c'est, je crois, votre amie.

MADAME DE CHEPY.

Je la rencontre dans le monde, je la vois chez elle. Nous ne nous aimons pas, mais nous nous embrassons.

MONSIEUR HARDOUIN.

Sa bienfaisance inconsidérée lui a attiré une affaire très ridicule, et vous savez ce que c'est qu'un ridicule, surtout pour elle. N'a-t-elle pas découvert que j'étois lié avec son adverse partie, et ne faut-il pas absolument que je la tire de là? J'ai même pris la liberté de donner rendez-vous ici à mon homme.

MADAME DE CHEPY.

Tenez, mon cher Hardouin, laissez faire à chacun son rôle; celui des avocats est de terminer les procès, le vôtre de produire des ouvrages charmans. Voulez-vous savoir ce qui vous arrivera? Vous vous brouillerez avec la dame dont vous êtes le négociateur, avec son adversaire, et avec moi, si vous me refusez.

MONSIEUR HARDOUIN.

Pour une chose aussi frivole? C'est ce que je ne croirai jamais.

MADAME DE CHEPY.

Mais c'est à moi, ce me semble, à juger si la

chose est frivole ou non; cela tient à l'intérêt que j'y mets.

MONSIEUR HARDOUIN.

C'est-à-dire que s'il vous plaisoit d'y en mettre dix fois, cent fois plus qu'il ne faut...

MADAME DE CHEPY.

Je serois peu sensée peut-être, mais vous n'en seriez que plus désobligeant. Allons, mon cher, promettez-moi, ou je vous fais une abominable tracasserie avec une de vos meilleures amies.

MONSIEUR HARDOUIN.

Quelle amie? Qui que ce soit, je ne ferai sûrement pas pour elle ce que je ne ferai pas pour vous.

MADAME DE CHEPY.

Promettez.

MONSIEUR HARDOUIN.

Je ne saurois.

MADAME DE CHEPY.

Faites la pièce.

MONSIEUR HARDOUIN.

En vérité, je ne saurois.

MADAME DE CHEPY.

Le rôle de suppliante ne me va guère, et celui de la douceur ne me dure pas; prenez-y garde, je vais me fâcher.

MONSIEUR HARDOUIN.

Non, Madame, vous ne vous fâcherez pas.

MADAME DE CHEPY.

Et je vous dis, moi, Monsieur, que je suis fâchée, très fâchée, de ce que vous en usez avec moi comme vous n'en useriez pas avec cette grosse provinciale rengorgée qui vous commande avec une impertinence qu'on lui passeroit à peine si elle étoit jeune et jolie ; avec cette petite minaudière qui est l'un et l'autre, mais qui gâte tout cela, qui ne fait pas un geste qui ne soit apprêté, qui ne dit pas un mot sans prétention, et qui est toujours aussi mécontente des autres que satisfaite d'elle-même ; avec ce petit colifichet de précieuse qui a des nerfs, non, ce n'est pas des nerfs, mais des fibres, ce qui veut dire des cheveux, dont on est tout effarouché d'entendre sortir de grands mots qu'elle a ramassés dans la société des savans, des pédans, et qu'elle répète à tort et à travers comme une perruche mal sifflée ; avec mademoiselle, oui, avec mademoiselle que voilà, qui vous donne quelquefois à ma toilette des distractions dont je pourrois me choquer, s'il me convenoit, mais dont je continuerai de rire.

MADEMOISELLE BEAULIEU.

Moi, Madame !

MADAME DE CHEPY.

Oui, vous. Il ne faut pas que cela vous offense, ce bel attachement vous fait assez d'honneur.

MONSIEUR HARDOUIN.

Il est vrai, Madame, que je trouve mademoiselle
très honnête, très décente, très bien élevée.

MADAME DE CHEPY.

Très aimable.

MONSIEUR HARDOUIN.

Très aimable ; pourquoi pas ? Aucun état n'a le
privilège exclusif de cet éloge que je lui donne
quelquefois en plaisantant, mais je la respecte
assez, elle et moi-même, pour n'y pas mettre un
sérieux qui l'offenseroit.

MADAME DE CHEPY, *ironiquement.*

Mademoiselle, je vous prie, je vous supplie de
vouloir bien intercéder pour moi auprès de M. Hardouin.

SCÈNE XI.

MONSIEUR HARDOUIN, MADEMOISELLE BEAULIEU.

MONSIEUR HARDOUIN.

Elle n'en sera pas dédite ; je suis piqué de mon
côté. Sans la dépriser, ces femmes qu'elle vient de
déchirer la valent bien. Voulez-vous que la pièce
se fasse ?

MADEMOISELLE BEAULIEU.

J'aurois une étrange vanité, si j'osois me flatter

d'obtenir ce que vous avez si durement refusé à madame.

MONSIEUR HARDOUIN.

Expliquez-vous nettement; cela vous fera-t-il plaisir?

MADEMOISELLE BEAULIEU.

On ne sauroit davantage, mais madame n'en pourroît être que très mortifiée. Qui sait si cela ne m'éloigneroit pas de son service? Ce ne seroit pas demain, mais petit à petit; la délicieuse Mlle Beaulieu deviendroit gauche, maladroite, maussade; je ne me l'entendrois pas dire longtemps, je sortirois, et je ne sortirois pas sans chagrin : car, malgré ses violences, madame est bonne, et je lui suis très attachée; sans compter que votre complaisance ne seroit pas secrète et ne pourroit être que mal interprétée. Tenez, Monsieur, le mieux est de persister dans votre refus, ou de céder au désir de madame.

MONSIEUR HARDOUIN.

De ces deux partis, le premier est le seul qui me convienne. Je suis obsédé d'embarras : j'en ai pour mon compte, j'en ai pour le compte d'autrui; pas un instant de repos. Si l'on frappe à ma porte, je crains d'ouvrir; si je sors, c'est le chapeau rabattu sur les yeux. Si l'on me relance en visite, la pâleur me vient. Ils sont une nuée qui attendent après le succès d'une comédie que je dois lire aux François;

ne vaut-il pas mieux que je m'en occupe que de
perdre mon temps à ces balivernes de société? Ou
ce que l'on fait est mauvais, et ce n'étoit pas la
peine de le faire; ou, si cela est passable, le jeu
des acteurs le rend plat.

MADEMOISELLE BEAULIEU.

Il paroît que M. Hardouin n'a pas une haute
idée de notre talent.

MONSIEUR HARDOUIN.

S'il faut, Mademoiselle, vous en dire la vérité,
j'ai vu les acteurs de société les plus vantés, cela
fait pitié; le meilleur n'entreroit pas dans une troupe
de province et figureroit mal chez Nicolet.

MADEMOISELLE BEAULIEU.

Voilà que je suis aussi piquée de mon côté.
Savez-vous que je me mêle de jouer?

MONSIEUR HARDOUIN.

Tant pis, Mademoisselle; faites des boucles.

MADEMOISELLE BEAULIEU.

Ne m'avez-vous pas dit que vous feriez la pièce
si je le voulois? Je ne sais si un poète est un honnête homme, mais on a dit de tout temps qu'un
honnête homme n'avoit que sa parole. Je veux
vous convaincre que l'auteur s'en prend souvent
à l'acteur, quand il ne devroit s'en prendre qu'à
lui-même; je veux que vous vous entendiez siffler,
et que vous nous entendiez applaudir jusqu'aux
nues.

MONSIEUR HARDOUIN.

Mademoiselle me jette le gantelet, il faut le ramasser. J'ai promis de faire la pièce, et je la ferai.

SCÈNE XII.

MONSIEUR HARDOUIN, MADEMOISELLE BEAULIEU, MADAME DE CHEPY.

MADAME DE CHEPY.

Eh bien, Mademoiselle, avez-vous réussi? Je crois vous en avoir laissé le temps et la commodité.

MONSIEUR HARDOUIN.

Oui, Madame, elle a réussi, et la pièce se fera.

MADAME DE CHEPY.

Mademoiselle, je vous en suis infiniment obligée, je vous en remercie très humblement.

SCÈNE XIII.

MONSIEUR HARDOUIN, MADEMOISELLE BEAULIEU.

MADEMOISELLE BEAULIEU.

Vous voyez, la voilà outrée, et je suis sûre de n'avoir pas un mois à rester ici. Je voudrois que les fêtes, les pièces et les poètes fussent tous au fond de la rivière.

(Hardouin reste sur la scène dans l'entr'acte ; il se promène ; il s'assied ; il exécute, et l'orchestre joue la pantomime d'un poète qui compose, tantôt satisfait, tantôt mécontent, etc...)

ACTE II

SCÈNE PREMIÈRE.

MONSIEUR HARDOUIN.

J'AI beau rêver, m'agiter, me tourmenter, il ne me vient rien. Voyons encore... Cela seroit assez plaisant, mais usé... Ah! si Molière revenoit, avec tout son incroyable génie, combien il auroit de peine à obtenir le suffrage des gens qu'il a rendus si difficiles!... Les autres ont tout pris... Me demander une de ces facéties telles qu'on en joue au Palais-Royal ou Bourbon, n'est-ce pas me dire : « Hardouin, ayez *subito, subito,* l'esprit et la facilité d'un Laujon, la verve et l'originalité d'un Collé? » Voilà ce que je me laisse ordonner, rien que cela... Je suis un sot; tant que je vivrai je ne serai qu'un sot, et ma chaleur de tête m'empiégera comme un sot... Mais ne pourrois-je pas...? Non, cela ne va pas à la circonstance... Et si je mettois en scène ce petit conte? Encore moins, ils le savent tous; et, quand il seroit neuf pour eux, il ne cadre guère aux personnes. Et puis je n'ai que deux ou trois jours pour faire, pour copier les rôles, pour apprendre, pour jouer sans répéter... On diroit qu'ils s'imaginent qu'une scène se souffle comme une bulle de savon... Aussi cela ira Dieu sait comme.

SCÈNE II.

MONSIEUR HARDOUIN, UN LAQUAIS
qui entre au milieu de la scène précédente.

LE LAQUAIS.

Monsieur, c'est un homme qui a le dos voûté, les deux bras et les deux jambes en forme de croissant; cela ressemble à un tailleur comme deux gouttes d'eau.

MONSIEUR HARDOUIN.

Au diable!

LE LAQUAIS.

C'en est un autre qui a de l'humeur et qui grommelle entre ses dents; il m'a tout l'air d'un créancier qui n'est pas encore fait à revenir.

MONSIEUR HARDOUIN.

Au diable!

LE LAQUAIS.

C'en est un troisième, maigre et sec, qui tourne

ses yeux autour de l'appartement, comme s'il le démeubloit.

MONSIEUR HARDOUIN.

Au diable! au diable!

LE LAQUAIS.

C'est...

MONSIEUR HARDOUIN.

C'est le diable, qui t'emporte!... Que fais-tu là planté comme un piquet? Et toi aussi, as-tu comploté avec les autres de me faire devenir fou?

LE LAQUAIS.

C'est de la part de Mme Servin qui vous prie de ne pas oublier son affaire.

MONSIEUR HARDOUIN.

J'y ai pensé.

LE LAQUAIS.

C'est une femme...

MONSIEUR HARDOUIN, *prenant un visage gai.*
Une femme!

LE LAQUAIS.

Enveloppée de vingt aunes de crêpe. Je gagerois bien que c'est une veuve.

MONSIEUR HARDOUIN.

Jolie?

LE LAQUAIS.

Triste, mais assez bonne à consoler.

MONSIEUR HARDOUIN.

Quel âge?

LE LAQUAIS.

Entre vingt et trente.

MONSIEUR HARDOUIN.

Faites entrer la veuve.

LE LAQUAIS.

Il y a encore deux personnages hétéroclites : l'un
en bottes fortes, et un fouet de poste à la main...

MONSIEUR HARDOUIN.

C'est de Crancey. Faites entrer la veuve.

LE LAQUAIS.

L'autre, en bas jaunes, en culotte noire, en veste
de basin et en habit gris. Ils ont passé chez vous,
et on leur a dit que vous étiez ici.

MONSIEUR HARDOUIN.

Ce dernier sera mon avocat bas-normand ; dis-
leur qu'ils attendent ou qu'ils renoncent... Et faites
entrer la veuve.

SCÈNE III.

MONSIEUR HARDOUIN, MADAME BERTRAND.

MADAME BERTRAND.

Permettez, Monsieur, que je m'asseye. Je suis
excédée de fatigue : j'ai fait aujourd'hui les quatre
coins de Paris, et j'ai vu, je crois, toute la terre.

MONSIEUR HARDOUIN.

Reposez-vous, Madame... (*A part.*) Elle est fort bien... (*Haut.*) Madame, je n'ai pas l'honneur de vous connoître, mais faites-moi la grâce de m'apprendre ce qui vous a conduite ici. Ne vous trompez-vous pas? Je m'appelle Hardouin.

MADAME BERTRAND.

C'est vous-même que je cherche.

MONSIEUR HARDOUIN.

Je m'en réjouis... (*A part.*) Le pied petit, et des mains!... (*Haut.*) Madame, vous seriez mieux dans ce grand fauteuil.

MADAME BERTRAND.

Je suis fort bien. Avez-vous le temps, Monsieur, et aurez-vous la patience de m'entendre?

MONSIEUR HARDOUIN.

Parlez, Madame, parlez.

MADAME BERTRAND.

Vous voyez la créature la plus malheureuse...

MONSIEUR HARDOUIN.

Vous méritez un autre sort, et, avec les avantages que vous possédez, il n'y a point d'infortune qu'on ne fasse cesser.

MADAME BERTRAND.

C'est ce que vous allez m'apprendre. Vous aurez sans doute entendu parler du capitaine Bertrand?

MONSIEUR HARDOUIN.

Qui commandoit le *Dragon,* qui mit tout son

équipage dans la chaloupe, et qui se laissa couler
à fond avec son vaisseau?

MADAME BERTRAND.

C'étoit mon époux. Il avoit vingt-trois ans de
service.

MONSIEUR HARDOUIN.

C'étoit un brave homme, et je n'ai jamais rien
vu de plus intéressant que sa veuve. Que puis-je
pour elle?

MADAME BERTRAND.

Beaucoup.

MONSIEUR HARDOUIN.

J'en doute, mais je le souhaite.

MADAME BERTRAND.

Il m'a laissée sans fortune et avec un enfant. Je
sollicite une pension qu'on n'a pas le front de me
refuser.

MONSIEUR HARDOUIN.

Et qui vous paroît mesquine. Madame, l'État
est obéré.

MADAME BERTRAND.

J'en suis satisfaite, mais je la voudrois réversible
sur la tête de mon fils.

MONSIEUR HARDOUIN.

A vous parler vrai, votre demande et le refus du
ministre me semblent également justes.

MADAME BERTRAND.

Si je venois à mourir, que deviendroit mon pauvre enfant?

MONSIEUR HARDOUIN.

Vous êtes jeune, vous êtes fraîche...

MADAME BERTRAND.

Avec tout cela on y est aujourd'hui, on n'y est pas demain. Tout ce qu'il étoit possible de mettre de protection à mon affaire, je l'ai inutilement employé : des princes, des ducs, des évêques, des prêtres, des archevêques, d'honnêtes femmes...

MONSIEUR HARDOUIN.

Les autres vous auroient mieux servie.

MADAME BERTRAND.

Vous l'avouerai-je? je ne les ai pas dédaignées.

MONSIEUR HARDOUIN.

C'est que tous ces gens-là ne savent pas solliciter.

MADAME BERTRAND.

Et vous le savez, vous?

MONSIEUR HARDOUIN.

Très bien. Il y a des principes à tout : il faut d'abord s'intéresser fortement à la chose.

MADAME BERTRAND.

Et vous prendriez cet intérêt à la mienne?

MONSIEUR HARDOUIN.

Pourquoi pas, Madame? Rien ne me semble

plus aisé. Ils ont des âmes de bronze, il faut savoir amollir ces âmes-là.

MADAME BERTRAND.

Et ce talent, qui est-ce qui le possède?

MONSIEUR HARDOUIN.

C'est vous, Madame.

MADAME BERTRAND.

Qui est-ce qui se soucie de l'employer pour autrui?

MONSIEUR HARDOUIN.

C'est moi... (*Il se promène, il rêve.*)

MADAME BERTRAND.

Oserois-je vous demander ce qui vous distrait?

MONSIEUR HARDOUIN.

Le succès de votre affaire.

MADAME BERTRAND.

Que vous êtes bon !

MONSIEUR HARDOUIN.

Le point important, le grand point, le point essentiel...

MADAME BERTRAND.

Quel est-il?... (*A part.*) Que va-t-il me dire? Ressembleroit-il aux autres? et m'en auroit-on imposé?

MONSIEUR HARDOUIN.

C'est... c'est de se rendre personnelle la grâce qu'on sollicite, oui, personnelle. On est à peine écouté, même de son ami, quand on ne parle pas pour soi.

MADAME BERTRAND.

Celui de qui mon affaire dépend est le vôtre.

MONSIEUR HARDOUIN.

Eh! vous avez raison. C'est Poultier, et j'oserois presque vous répondre de toute sa bienveillance.

MADAME BERTRAND.

Vous auriez la bonté de lui parler?

MONSIEUR HARDOUIN.

Assurément.

MADAME BERTRAND.

Dieu soit loué! on m'a dit vrai lorsqu'on m'assuroit que vous étiez l'ami de tous les malheureux.

MONSIEUR HARDOUIN.

C'est aujourd'hui ou dans quelques jours la fête de la maîtresse de la maison. Il est ami du mari, il est à Paris, et il n'y auroit que les plus grandes affaires qui pussent l'empêcher de venir ici.

MADAME BERTRAND.

Et vous intercéderiez pour moi? et vous vous rendriez mon affaire personnelle?

MONSIEUR HARDOUIN.

Je ne m'en charge qu'à cette condition : ayez pour agréable de vous rappeler que je vous en ai prévenue et que vous avez consenti... Ne m'avez-vous pas dit, Madame, que vous aviez un enfant?

MADAME BERTRAND.

C'est le premier et le seul.

MONSIEUR HARDOUIN.

Quel âge a-t-il?

MADAME BERTRAND.

Environ six ans.

MONSIEUR HARDOUIN.

Il n'en peut guère avoir davantage.

MADAME BERTRAND.

On auroit pu le croire il y a six mois, mais depuis ce temps j'ai tant pleuré, tant fatigué, tant souffert! Je suis si changée!

MONSIEUR HARDOUIN.

Il n'y paroît pas.

MADAME BERTRAND.

Il revenoit de la Chine... La Chine ne me sort plus de la tête.

MONSIEUR HARDOUIN.

Nous l'en chasserons.

MADAME BERTRAND.

Je puis compter sur vous?

MONSIEUR HARDOUIN.

Vous le pouvez; mais, pensez-y bien, c'est à la condition que je vous ai dite, sans quoi je ne réponds de rien.

MADAME BERTRAND.

Vous êtes un galant homme, il n'y a là-dessus qu'une voix. Faites, dites tout ce qu'il vous plaira.

SCÈNE IV.

MONSIEUR HARDOUIN, MONSIEUR DES
RENARDEAUX, *avocat de Gisors, se présentant pour entrer en même temps que madame Bertrand sort.*

MONSIEUR HARDOUIN.

Et puis faites une pièce, au milieu de tout cela !... Mille pardons, cher Des Renardeaux, de vous avoir fait attendre.

MONSIEUR DES RENARDEAUX.

Je vous le pardonne, car elle est, ma foi, charmante.

MONSIEUR HARDOUIN.

Vous avez encore des yeux?

MONSIEUR DES RENARDEAUX.

C'est tout ce qui me reste. Me voilà à vos ordres; eh bien! de quoi s'agit-il?

MONSIEUR HARDOUIN.

Je ne sais comment je puis rire, car je suis profondément désolé.

MONSIEUR DES RENARDEAUX.

Votre pièce est tombée?

MONSIEUR HARDOUIN.

C'est bien pis.

MONSIEUR DES RENARDEAUX.

Comment, diable !

MONSIEUR HARDOUIN.

J'avois une sœur que j'aimois à la folie, un peu dévote, mais, à cela près, la meilleure créature, la meilleure sœur qu'il y eût au monde. Je l'ai perdue.

MONSIEUR DES RENARDEAUX.

Et l'on vous dispute sa succession ?

MONSIEUR HARDOUIN.

C'est bien pis.

MONSIEUR DES RENARDEAUX.

Comment, diable !

MONSIEUR HARDOUIN.

On en a disposé sans mon aveu. Elle vivoit avec une amie ; celle-ci, accoutumée au rôle de maî-tresse dans la maison, a tout pris, tout donné, tout vendu, lits, glaces, linge, vaisselle, meubles, batterie de cuisine, argenterie, et il ne me reste de mobilier non plus que vous en voyez sur ma main.

MONSIEUR DES RENARDEAUX.

Cela étoit-il considérable ?

MONSIEUR HARDOUIN.

Assez. Je ne sais quel parti prendre. Perdre une bonne partie de son bien, surtout quand on n'est pas mieux dans ses affaires que moi, cela me paroît dur ; attaquer l'ancienne amie d'une sœur, cela me semble indécent. Que me conseillez-vous ?

MONSIEUR DES RENARDEAUX.

Ce que je vous conseille? De rester en repos.

MONSIEUR HARDOUIN.

C'est bientôt dit.

MONSIEUR DES RENARDEAUX.

Demeurez en repos, vous dis-je. Savez-vous ce que c'est que votre affaire? La même que celle que j'ai avec votre vieille amie Mme Servin, qui dure depuis dix ans, qui en durera dix autres; pour laquelle j'ai fait cinquante voyages à Paris, qui m'y rappellera cinquante fois encore; qui me coûte en faux frais à peu près deux cents louis, qui m'en coûtera plus de deux cents autres, et qui, grâce aux puissantes protections de la dame, ou ne sera jamais jugée, ou dont, après la sentence, si j'en obtiens une, je ne tirerai pas le quart de mes déboursés.

MONSIEUR HARDOUIN.

Ainsi vous ne voulez pas absolument que je plaide?

MONSIEUR DES RENARDEAUX.

Non, de par tous les diables qui emportent et votre amie Mme Servin et l'amie de votre sœur!

MONSIEUR HARDOUIN.

Si c'étoit à recommencer, vous ne plaideriez donc pas?

MONSIEUR DES RENARDEAUX.

Non... A quoi pensez-vous?

MONSIEUR HARDOUIN.

A vous obliger, si je puis ; je n'aime pas à de-
meurer en reste avec mes amis. Il me vient une
idée...

MONSIEUR DES RENARDEAUX.

Quelle ?

MONSIEUR HARDOUIN.

Mais, en retour du service que vous me rendez
en me dissuadant d'entamer une mauvaise affaire,
car je n'y pense plus, si par hasard je finissois la
vôtre ? Savez-vous que cela ne me seroit pas du
tout impossible ?

MONSIEUR DES RENARDEAUX.

J'y consens, j'y consens de tout mon cœur, et,
s'il ne vous falloit qu'une procuration en bonne
forme, procuration par laquelle je vous autoriserois
à terminer, procuration par laquelle je m'engagerois
à ratifier sans exception tout ce qu'il vous auroit
plu d'arbitrer, faites-moi donner encre, plume,
papier, et je la dresse et je la signe.

MONSIEUR HARDOUIN.

Voilà sur cette table tout ce qu'il vous faut...
(*L'arrêtant.*) Mon cher Des Renardeaux, bride en
main. Je ferai de mon mieux, vous n'en doutez pas ;
mais, à tout événement, point de reproches.

MONSIEUR DES RENARDEAUX.

N'en craignez point.

MONSIEUR HARDOUIN.

Que sait-on? (*Tandis que Des Renardeaux écrit.*)
Ah! ah! ah! si l'avocat bas-normand savoit que
j'ai là dans ma poche la procuration de la dame!...
Voilà qui est fort bien; mais la pièce que j'ai pro-
mise?... Allons, il faut suivre sa destinée, et la
mienne est de promettre ce que je ne ferai point,
et de temps en temps de faire ce que je n'aurai
pas promis.

MONSIEUR DES RENARDEAUX.

La voilà. « Je, soussigné, Issachar des Renardeaux... »

MONSIEUR HARDOUIN.

Je ne doute point que cela ne soit à merveille.

MONSIEUR DES RENARDEAUX.

Mais encore faut-il prendre lecture du titre en
conséquence duquel on doit opérer, cela est dans
la règle. « Je, soussigné, Issachar... »

MONSIEUR HARDOUIN.

Est-ce que j'ai jamais suivi de règles?

MONSIEUR DES RENARDEAUX.

Vous n'en avez pas été plus sage. La règle, mon
ami; la règle, c'est la reine du monde. Au reste,
que j'obtienne seulement le remboursement de mes
frais qu'elle fera régler, avec de quoi meubler dé-
cemment ce petit corps de logis qui donne sur la
rivière et sur la forêt, qui doit vous inspirer les
plus beaux vers, que depuis dix ans vous devez

venir occuper et que vous n'occuperez jamais, et je tiens quitte de tout Mme Servin pour moi, pour ma femme, pour mes enfans et leurs ayans cause. A propos, j'ai vu dans sa cour une chaise à porteurs, le seul effet mobilier qui reste de feu Mme Desforges, ma parente, qui cessa de marcher longtemps avant que de mourir; stipulez en sus la chaise à porteurs. Ma femme commence à manquer par les jambes, et ce seroit un cadeau à lui faire. N'oubliez pas la chaise à porteurs.

MONSIEUR HARDOUIN.

Je ne l'oublierai pas.

MONSIEUR DES RENARDEAUX.

Vous êtes distrait.

MONSIEUR HARDOUIN.

Mon ami, je suis excédé de ce maudit pays-ci. La vie s'y évapore; on n'y fait quoi que ce soit de bien, et je suis résolu d'aller vivre et mourir à Gisors.

MONSIEUR DES RENARDEAUX.

Vous viendrez vivre à Gisors?

MONSIEUR HARDOUIN.

A Gisors. C'est là que la gloire, le repos et le bonheur m'attendent.

MONSIEUR DES RENARDEAUX.

Vous viendrez mourir à Gisors?

MONSIEUR HARDOUIN.

A Gisors.

MONSIEUR DES RENARDEAUX.

Et moi, je vous dis que les têtes comme la vôtre ne savent jamais ce qu'elles feront, et que vous irez vivre et mourir où il plaira à votre mauvais génie de vous mener. Ne faites point de projets.

MONSIEUR HARDOUIN.

Ma foi, j'en ai tant fait qui se sont évanouis, que ce seroit le mieux; mais on fait des projets, comme on se remue sur sa chaise quand on est mal assis.

MONSIEUR DES RENARDEAUX.

Et la dame, quand la verrez-vous?

MONSIEUR HARDOUIN.

Aujourd'hui.

MONSIEUR DES RENARDEAUX.

Elle est fine; prenez garde qu'elle n'évente notre complot.

MONSIEUR HARDOUIN.

Est-ce que cela vous viendroit à sa place, à vous avocat, avocat bas-normand?

MONSIEUR DES RENARDEAUX.

Peut-être; je suis quelquefois délié. Et quand vous reverrai-je?

MONSIEUR HARDOUIN.

Dans la journée.

MONSIEUR DES RENARDEAUX.

Où?

MONSIEUR HARDOUIN.

Ici. Habitez-vous toujours votre grenier, rue de
la Flèche?

MONSIEUR DES RENARDEAUX.

Toujours. Ne plaidez pas, entendez-vous, et
tirez de la dame Servin le meilleur parti que vous
pourrez. J'ai trois enfans; et elle n'a que sa fille,
cette vieille folle qui est laide et méchante comme
un singe malade, et sourde en sus comme un pot.
Elle est riche, et je ne le suis pas. Adieu.

MONSIEUR HARDOUIN.

Adieu.

MONSIEUR DES RENARDEAUX, *du fond du théâtre.*

Et la chaise à porteurs.

MONSIEUR HARDOUIN.

Et la chaise à porteurs... Me voilà seul enfin, et
je puis rêver.

SCÈNE V.

MONSIEUR HARDOUIN, MONSIEUR DE CRANCEY.

MONSIEUR DE CRANCEY, *en bottes fortes
et le fouet à la main.*

On a une peine du diable à pénétrer jusqu'à
vous; c'est pis que chez un ministre ou son premier commis; savez-vous qu'il y a deux heures

que j'écume de rage dans cette antichambre? Avez-vous reçu ma lettre?

ᴍᴏɴsɪᴇᴜʀ ʜᴀʀᴅᴏᴜɪɴ.

Oui; et vous avez reçu ma réponse?

ᴍᴏɴsɪᴇᴜʀ ᴅᴇ ᴄʀᴀɴᴄᴇʏ.

Non.

ᴍᴏɴsɪᴇᴜʀ ʜᴀʀᴅᴏᴜɪɴ.

Comme vous voilà! On vous prendroit pour un postillon.

ᴍᴏɴsɪᴇᴜʀ ᴅᴇ ᴄʀᴀɴᴄᴇʏ.

C'est que je le suis devenu, et que j'en ai fait l'apprentissage pendant quatre jours.

ᴍᴏɴsɪᴇᴜʀ ʜᴀʀᴅᴏᴜɪɴ.

Je suis un peu obtus, je ne vous entends pas.

ᴍᴏɴsɪᴇᴜʀ ᴅᴇ ᴄʀᴀɴᴄᴇʏ.

Je le crois. Mon ami, je vous ai prévenu que Mme de Vertillac, qui m'estime et qui m'aime, et qui me refuse opiniâtrément sa fille dont je suis aimé, dans le dessein absurde de rompre cette passion...

ᴍᴏɴsɪᴇᴜʀ ʜᴀʀᴅᴏᴜɪɴ, *ironiquement.*

Qui ne finira qu'avec votre vie et celle de sa fille.

ᴍᴏɴsɪᴇᴜʀ ᴅᴇ ᴄʀᴀɴᴄᴇʏ.

Assurément... l'emmenoit à Paris.

ᴍᴏɴsɪᴇᴜʀ ʜᴀʀᴅᴏᴜɪɴ.

Après?

MONSIEUR DE CRANCEY.

Ah! vous n'avez jamais aimé, puisque vous ne devinez pas le reste.

MONSIEUR HARDOUIN.

Vous êtes parti le premier et leur avez servi de postillon.

MONSIEUR DE CRANCEY.

C'est cela.

MONSIEUR HARDOUIN.

Et sa fille vous a-t-elle reconnu?

MONSIEUR DE CRANCEY.

Sans doute, mais sa surprise a pensé tout gâter. Elle pousse un cri; sa mère se retourne brusquement : « Qu'avez-vous, ma fille? est-ce que vous vous êtes blessée? — Non, maman, ce n'est rien... » Ah! mon ami, avec quelle attention je leur évitois les mauvais pas! Comme j'allongeois le chemin, en dépit des impatiences de la mère! Combien de baisers nous nous sommes envoyés, renvoyés, elle du fond de la voiture, moi de dessus mon cheval, tandis que sa mère dormoit! Combien de fois nos yeux et nos bras se sont élevés vers le ciel! C'étoit autant de sermens! Quel plaisir à lui donner la main en descendant de voiture, en y remontant ! Combien nous nous sommes affligés! Que de larmes nous avons versées!

MONSIEUR HARDOUIN.

Et cet énorme chapeau rabattu vous déroboit

aux regards de la mère? Mais qu'avez-vous projeté?

MONSIEUR DE CRANCEY.

Tout ce qu'il est possible d'imaginer d'extravagant.

SCÈNE VI.

MONSIEUR HARDOUIN, MONSIEUR DE CRANCEY, MADAME et MADEMOISELLE DE VERTILLAC.

MONSIEUR HARDOUIN.

Les voilà! Sortez vite.

MONSIEUR DE CRANCEY.

Non, je reste. Je veux que cette femme me voie, et connoisse par ce que j'ai fait ce que je serois capable de faire.

MADAME DE VERTILLAC, *en grondant sa fille.*

Mademoiselle, je ne vous conseille pas d'être de cette maussaderie, si vous voulez que je vous présente ailleurs.

MADEMOISELLE DE VERTILLAC, *apercevant de Crancey.*

Ah! Ciel! Je suis prête à me trouver mal.

MADAME DE VERTILLAC.

Bonjour, mon cher Hardouin... Qu'avez-vous? Est-ce avec ce visage-là qu'on reçoit ses anciens amis? Vous voilà tout déconcerté. Vous ne m'attendiez pas?

MONSIEUR HARDOUIN.

Pardonnez-moi, Madame, je vous savois à Paris.

MADAME DE VERTILLAC.

Et c'est moi qui vous préviens?

MONSIEUR HARDOUIN.

Je suis accablé d'affaires.

MADAME DE VERTILLAC.

Qu'est-ce que cet homme-là ? C'est notre postillon, je crois. L'ami, n'as-tu pas été mieux payé que tu ne nous as servies! Parle, que veux-tu? Un petit écu de plus? Dis à mon laquais de te le donner... (*De Crancey relevant son chapeau, qu'il avoit tenu rabattu.*) C'est lui, c'est mon persécuteur! Ce maudit homme cessera-t-il de me poursuivre?... Monsieur, par hasard, est-ce que vous auriez été notre postillon ?

MONSIEUR DE CRANCEY.

Madame, j'ai eu cet honneur pendant toute la route.

MADAME DE VERTILLAC, *à sa fille.*

Et vous le saviez?

MADEMOISELLE DE VERTILLAC.

Il est vrai, maman.

MADAME DE VERTILLAC.

Vous le saviez ! et vous ne m'en avez rien dit!

MONSIEUR HARDOUIN.

A sa place qu'eussiez-vous fait?

MADAME DE VERTILLAC.

Je ne suis plus surprise de sa lenteur à nous mener. Que je suis à plaindre! Ils me feront devenir folle. (*A M. Hardouin.*) Vous riez... Faut-il donc s'en retourner en province?

MONSIEUR HARDOUIN.

Non, mais les marier à Paris, et le plus tôt sera le meilleur.

MADAME DE VERTILLAC.

Monsieur, ce procédé est indigne.

MONSIEUR DE CRANCEY, *aux genoux
de Mme de Vertillac.*

Madame, pardon, mille pardons. L'amour...

MADAME DE VERTILLAC.

L'amour, l'amour est un fou.

MONSIEUR HARDOUIN.

Madame, qui le sait mieux que nous?

MADAME DE VERTILLAC, *à Crancey.*

Retirez-vous, je ne veux ni vous entendre ni vous voir. Je crois que votre projet est de me tourmenter ici comme vous avez fait depuis trois ans en province. Mais écoutez-moi, et ne perdez pas un mot de ce que je vais vous dire. Vous aimez ma fille : si, sous quelque forme que ce soit, vous approchez de notre domicile, si vous nous obsédez au spectacle, à la promenade, en visite, si vous

me causez le moindre souci, je l'enferme dans
un couvent pour n'en sortir que quand il ne sera
plus en mon pouvoir de l'y retenir. Adieu... adieu,
mon ami.

SCÈNE VII.

MONSIEUR HARDOUIN, MONSIEUR DE CRANCEY.

Monsieur de Crancey.

Cette extravagante, cette cruelle mère ne sait ni
ce qu'un amant tel que moi peut oser, ni jusqu'où
sa rigueur, dont tout le monde est indigné, peut
conduire sa fille. Il me semble que sa propre expé-
rience auroit dû la mieux conseiller : car enfin...
Madame de Vertillac, prenez-y garde : nous ferons
quelque extravagance d'éclat dont tout le blâme
retombera sur vous, je vous en préviens. On dira...
Ce que vous entendez, mon ami, je vous supplie
de le rendre fidèlement à Mme de Vertillac.

Monsieur Hardouin.

Doucement, modérez-vous, et voyons à tête
reposée s'il n'y auroit pas quelque moyen de finir
votre peine.

Monsieur de Crancey.

Elle passe pour avoir eu du goût pour vous ; on
croit même qu'une assez longue suite de succes-

seurs ne vous a pas fait oublier : priez, suppliez, ordonnez ensuite, car on acquiert ce droit avec les femmes. Que mon sort se décide et promptement, ou je ne réponds de rien.

MONSIEUR HARDOUIN.

Il faut y penser... J'y pense, et plus j'y pense, plus la chose me paroît difficile.

MONSIEUR DE CRANCEY.

Quoi ! cette heureuse fécondité en expédiens qui vous a fait tant de réputation...

MONSIEUR HARDOUIN.

Et de haines.

MONSIEUR DE CRANCEY.

Cessera-t-elle pour votre ami ?

MONSIEUR HARDOUIN.

Je suis devenu pusillanime, scrupuleux.

MONSIEUR DE CRANCEY.

Je vois ce que c'est : vous avez encore des vues sur Mme de Vertillac, comme elle pourroit bien en avoir sur vous, et vous craignez...

MONSIEUR HARDOUIN.

Je crains les reproches de ma conscience, les vôtres ; mon âme est devenue timorée, je ne me reconnois pas. Ah ! si j'étois ce que je fus autrefois ! Et puis, je ne vois que des gens qui veulent la chose et qui ne veulent pas les moyens.

MONSIEUR DE CRANCEY.

Je n'en suis pas.

MONSIEUR HARDOUIN.

Et vous me donneriez carte blanche ?

MONSIEUR DE CRANCEY.

Sans balancer.

MONSIEUR HARDOUIN.

Sans me questionner?

MONSIEUR DE CRANCEY.

Vous questionner! Regardez-moi bien : lorsqu'il s'agira de finir mon supplice et celui de mon amie, fallût-il signer un pacte avec le diable, me voilà prêt.

MONSIEUR HARDOUIN.

Ce n'est pas tout à fait cela ; mais, première condition, point de curiosité.

MONSIEUR DE CRANCEY.

Je n'en aurai point.

MONSIEUR HARDOUIN.

Seconde condition, de la docilité.

MONSIEUR DE CRANCEY.

Qu'exigez-vous ?

MONSIEUR HARDOUIN.

D'ignorer le domicile de ces femmes, de les laisser en repos et de simuler un peu d'indifférence.

MONSIEUR DE CRANCEY.

Moi! moi! simuler de l'indifférence! Cela est au-dessus de mes forces, je ne saurois ; c'est à m'attirer le mépris de la mère et à faire mourir de douleur sa fille. Je ne saurois, je ne saurois.

MONSIEUR HARDOUIN.

Avez-vous oublié la menace de Mme de Vertillac?

MONSIEUR DE CRANCEY.

Je me soucie bien de ses menaces. Un couvent! On brise les portes d'un couvent, on en franchit les murs. Monsieur, l'amour est plus fort que l'enfer.

MONSIEUR HARDOUIN.

Remettez-vous.

MONSIEUR DE CRANCEY, *en se démenant, en étouffant.*

Me voilà remis; oui, je suis remis.

MONSIEUR HARDOUIN.

Vous conviendroit-il que Mme de Vertillac, Mme de Vertillac, entendez-vous, vous suppliât à mains jointes d'épouser mademoiselle sa fille?

MONSIEUR DE CRANCEY.

Me suppliât?

MONSIEUR HARDOUIN.

Oui, oui, vous suppliât. Sans trop présumer de mes forces, je pourrois, je crois, l'amener jusque-là.

MONSIEUR DE CRANCEY.

Mais la fuir! Mais jouer l'indifférence! Mon ami, ne pourriez-vous pas m'imposer un rôle plus raisonnable et plus facile?

MONSIEUR HARDOUIN.

Homme enragé! Que vous demandé-je? De ne

sortir de votre logis que quand je vous appellerai.

MONSIEUR DE CRANCEY.

Et cette détention durera-t-elle longtemps?

MONSIEUR HARDOUIN.

Un jour peut-être.

MONSIEUR DE CRANCEY.

Un jour sans la voir! Cela ne m'est point encore arrivé. Un mortel jour entier! Qu'en pensera-t-elle? Vous êtes un tyran. Allons, j'accorde le jour, mais pas une minute de plus. A propos, vous ne savez pas ce qui m'est passé par la tête lorsque je conduisois leur voiture : au moindre signe de mon amie, je les enlevois toutes deux.

MONSIEUR HARDOUIN.

Qu'eussiez-vous fait de la mère?

MONSIEUR DE CRANCEY.

Je ne sais; mais l'aventure eût fait un tapage enragé, et il auroit bien fallu qu'elle m'accordât sa fille. Celle-ci ne l'a pas voulu; je crains bien qu'elle ne s'en repente.

MONSIEUR HARDOUIN.

Et vous formiez ce projet sans scrupule?

MONSIEUR DE CRANCEY.

Aucun.

MONSIEUR HARDOUIN.

Comment! vous êtes presque digne d'être mon confident. Allez, renfermez-vous, et, pour paroître, attendez mes ordres suprêmes.

MONSIEUR DE CRANCEY.

Et je les recevrai avant la fin du jour?

MONSIEUR HARDOUIN.

Avant la fin du jour.

MONSIEUR DE CRANCEY.

Combien je vais souffrir et m'ennuyer! Que ferai-je? Je relirai ses lettres, je lui écrirai, je baiserai son portrait, je...

MONSIEUR HARDOUIN.

Adieu! adieu!... Quelle tête! Mais c'est ainsi qu'il faut aimer, ou ne pas s'en mêler.

SCÈNE VIII.

MONSIEUR HARDOUIN, UN LAQUAIS.

MONSIEUR HARDOUIN.

Non, je crois que le Ciel, la terre et les enfers ont comploté contre cette pièce... Les obstacles se succèdent sans relâche... Un procès à terminer, une pension à solliciter, une mère à mettre à la raison, et puis arranger des scènes au milieu de tout cela... Cela ne se peut... Ma tête n'y est plus... (*Il se jette dans un fauteuil. Au laquais.*) Eh bien! qu'est-ce? encore quelqu'un?

LE LAQUAIS.

Pour celui-ci, je ne sais ce qu'il est. Il est entré

brusquement. Je lui demande ce qu'il veut ; point de réponse. Je le tire par la manche, il me regarde et continue à se promener. Il a l'œil un peu hagard, il se parle à lui-même, il fait des éclats de rire. Du reste, il est très poli. Si ce n'est pas un fou, c'est un poète.

MONSIEUR HARDOUIN.

Je n'y tiens plus. En dépit de votre prédiction, Monsieur Des Renardeaux, vous me verrez à Gisors.

LE LAQUAIS.

Entrera-t-il ?

MONSIEUR HARDOUIN.

Si c'étoit quelque jeune auteur qui eût besoin d'un conseil et qui vînt le chercher de la porte Saint-Jacques ou de Picpus ; un homme de génie qui manquât de pain, car cela peut arriver. Hardouin, rappelle-toi le temps où tu habitois le faubourg Saint-Médard et où tu regrettois une pièce de vingt-quatre sous et une matinée perdue... Qu'il entre.

SCÈNE IX.

MONSIEUR HARDOUIN, MONSIEUR DE SURMONT.

MONSIEUR HARDOUIN.

Eh ! c'est vous, mon ami ?

MONSIEUR DE SURMONT.

Pourroit-on vous demander ce que vous faites ici ?

MONSIEUR HARDOUIN.

Et vous, qu'y venez-vous faire ?

MONSIEUR DE SURMONT.

Je l'ignore. On m'a appelé vite, vite, et j'accours.

MONSIEUR HARDOUIN.

Dieu soit loué ! Voilà ma pièce faite. Vous ignorez ce qu'on vous veut ? moi, je vais vous l'apprendre. C'est sous quelques jours la fête d'une amie : on se propose de la célébrer, et l'on va vous demander une petite pièce de société que vous ferez, n'est-ce pas ?

MONSIEUR DE SURMONT.

Et pourquoi pas vous ?

MONSIEUR HARDOUIN.

Pourquoi ? pour mille raisons dont voici la meilleure. Il m'a semblé que Mme de Chepy, l'amie de la maîtresse de la maison, ne vous étoit pas indifférente, et j'ai pensé qu'il y auroit bien peu de délicatesse à vous ravir une si belle occasion de lui faire la cour.

MONSIEUR DE SURMONT.

Et c'est pour m'obliger...

MONSIEUR HARDOUIN.

Sans doute. Ainsi voilà la chose arrangée. Vous ferez la parade, le proverbe, la pièce, ce qu'il vous plaira, à charge de revanche.

MONSIEUR DE SURMONT.

Je ne m'entends guère à cela.

MONSIEUR HARDOUIN.

Tant mieux; ce que je ferois ressembleroit à tout, ce que vous ferez ne ressemblera à rien.

MONSIEUR DE SURMONT.

Il y aura là de beaux esprits, des gens du monde. Je voudrois bien garder l'incognito.

MONSIEUR HARDOUIN.

Je vais vous mettre à l'aise. Si vous réussissez, le succès sera pour votre compte; si vous tombez, la chute sera pour le mien.

MONSIEUR DE SURMONT.

Rien de plus obligeant.

MONSIEUR HARDOUIN.

Mais payez le service réel que je vous rends d'un peu de confiance. N'est-il pas vrai qu'avec toutes ses fantaisies, ses caprices, ses brusqueries, Mme de Chepy est fort aimable ?

MONSIEUR DE SURMONT.

Je conviendrai de tout ce qu'il vous plaira ; je vous remercierai même si vous l'exigez.

MONSIEUR HARDOUIN.

Je n'exige rien, je sais obliger sans ostentation et sans intérêt. Allons, partez.

MONSIEUR DE SURMONT.

Verrai-je Mme de Chepy ?

MONSIEUR HARDOUIN.

Non, si vous voulez rester anonyme. Mais écrivez-lui un billet honnête qu'elle puisse interpréter comme il lui plaira. Moins elle s'attendra à cette marque d'attachement, plus elle en sera touchée. Écrivez la... comédie, proverbe, parade, impromptu, ce que vous voudrez, pourvu que cela soit bien gai et ne sente pas l'apprêt.

MONSIEUR DE SURMONT, *en écrivant.*

Mais encore faudroit-il connoître l'héroïne du jour.

MONSIEUR HARDOUIN.

Louez, louez, la louange est toujours bien accueillie.

MONSIEUR DE SURMONT.

Est-on jeune ?

MONSIEUR HARDOUIN.

Non.

MONSIEUR DE SURMONT.

Vieille ?

MONSIEUR HARDOUIN.

Non. Tous les charmes que l'âge ne détruit pas, on les a. Vous pouvez tomber à bras raccourci sur les vices, sur les ridicules, sans nous effleurer ; vous étendre à votre aise sur les qualités de l'esprit et du cœur, sans qu'il y ait un mot de perdu. Insistez surtout sur l'usage du monde, la franchise, la bienfaisance, la discrétion, la politesse, la décence, la dignité, etc., etc.

MONSIEUR DE SURMONT.

Je la connois peut-être. Ne seroit-ce pas par hasard une femme que j'ai vue une fois ou deux chez Mme de Chepy pendant sa maladie ? ne s'appelleroit-elle pas...?

MONSIEUR HARDOUIN.

Elle ou une autre, qu'est-ce que cela fait ? Donnez le billet, je vais le faire remettre, et partez.

SCÈNE X.

MONSIEUR HARDOUIN, UN LAQUAIS.

MONSIEUR HARDOUIN, *au laquais.*
Portez ce billet à Mme de Chepy et revenez sur-le-champ... Ah ! je respire ! me voilà soulagé d'un

poids énorme; je me sens léger comme un oiseau, et je puis me livrer gaiement à l'affaire de mon avocat bas-normand. Pour celle-là, je la regarde comme faite. Celle de ma veuve souffrira peut-être de la difficulté; mais nous verrons; mon ami Poultier est un si bon homme! La dame de Vertillac me donnera du fil à retordre. Si c'étoit une autre mère, un peu raisonnable, un peu sensée; mais c'est une folle, c'est une femme violente, et l'expédient que j'ai imaginé pourroit aisément produire l'effet opposé. A la bonne heure! s'il manque, mon ami de Crancey n'en sera pas plus malheureux. Moi, je ne risque à cela que des invectives, mais j'y suis fait. Je marche depuis vingt ans entre la plainte de mes amis et mes propres remords... Dressons nos batteries. Il me faut... d'abord une lettre de moi à Crancey... (*Il écrit.*) La voilà faite... (*Il la relit.*) Il me faut une réponse de Crancey... (*Il écrit.*) La voilà faite... (*Il la relit.*) « Je me lasse, mon ami. Je suis honnête, mais l'homme le plus honnête finit par prendre son parti... » Fort bien; cette réponse de Crancey a la juste mesure et me plaît... Mais il faut que celle-ci soit d'une autre main... Dans le trouble du premier moment, je disposerai de Mme de Vertillac; je n'en doute pas, mais elle est femme à revenir sur ses pas. Il me faudroit un dédit... oui, un dédit en bonne forme... Mais je n'entends rien à cela...

SCÈNE XI.

MONSIEUR HARDOUIN, UN LAQUAIS.

Le Laquais.

Monsieur, me voilà.

Monsieur Hardouin.

Écoutez : cette lettre, celle-là, vous vous as-
soirez à cette table, et vous me la copierez de votre
plus belle écriture. Ensuite vous courrez rue de la
Flèche chez M. des Renardeaux, et vous lui direz
que je l'attends ici pour affaire ; il croira que c'est
la sienne. Vous lui direz qu'il vienne sur-le-champ...
Au reste, si on ne le trouve pas, nous dresserons
l'acte comme nous pourrons, sauf à réparer le défaut de la forme par la force du fond... Ah ! si
j'avois voulu, j'aurois été, je crois, un dangereux
vaurien... Mais, puisque mon premier commis de
la marine ne vient pas, il faut que j'envoie chez
lui... Non, il vaut mieux que j'y aille.

SCÈNE XII.

LE LAQUAIS.

Quel griffonnage! Cela sait tout, excepté peut-être lire et écrire... Voyons, et tâchons surtout de ne pas faire de fautes; une virgule de plus ou de moins suffiroit pour le faire sauter aux solives... Mais qu'est-ce que cela signifie? Il répond lui-même à une lettre qu'il s'est écrite. Monsieur Hardouin, vous vous ferez quelque mauvaise affaire; vous vous mêlez de bien des choses; il vous en arrivera mal...

(Le laquais reste sur la scène, et continue à copier la lettre en se souriant à lui-même de sa belle écriture, puis se dépitant, effaçant, grattant, déchirant et recommençant; et, cependant, l'orchestre joue cette pantomime.)

ACTE III

SCÈNE PREMIÈRE.

MONSIEUR HARDOUIN ET **SON LAQUAIS**,
qui lui présente la copie de la lettre.

MONSIEUR HARDOUIN.

Fort bien. Courez vite chez des Renardeaux... Tous ces gens-là sont introuvables. On m'a dit que Le Poultier étoit ici, et nous le verrons, j'espère.

SCÈNE II.

MONSIEUR HARDOUIN, MADEMOISELLE BEAULIEU, *avec un bouquet à son côté et un faisceau de fleurs à la main.*

MADEMOISELLE BEAULIEU.

Je vous l'avois bien dit, madame est d'une humeur empestée; j'ai cru que je ne viendrois pas à bout de la coiffer. Et vous, Monsieur, où en êtes-vous?

MONSIEUR HARDOUIN.

C'est fait.

MADEMOISELLE BEAULIEU.

Fort bien. Je viens de sa part vous casser aux gages et vous prévenir qu'elle ne veut absolument rien de vous.

MONSIEUR HARDOUIN.

Pourquoi cela?

MADEMOISELLE BEAULIEU.

Ou parce qu'elle a changé d'avis : c'est un bon cœur, mais une tête de girouette; ou, ce qui me semble plus vraisemblable, parce qu'elle compte sur le secours d'un autre. Achèverai-je ma commission?

MONSIEUR HARDOUIN.

Il n'y faut pas manquer.

MADEMOISELLE BEAULIEU.

J'ai ordre d'ajouter qu'elle n'aura pas de peine à trouver un aussi mauvais poète, et qu'elle en aura moins encore à trouver un homme plus officieux.

MONSIEUR HARDOUIN.

Mademoiselle, vous aurez la bonté de lui répondre de ma part que j'aurois le plus grand plaisir à me conformer à ses derniers ordres, mais qu'ils arrivent un peu tard; qu'au reste, il est plus aisé de brûler une pièce que de la faire... (*Mlle Beaulieu* *sourit.*) Vous souriez... Auriez-vous quelque chose de plus à me dire?

MADEMOISELLE BEAULIEU.

Oui.

MONSIEUR HARDOUIN.

Qu'est-ce?

MADEMOISELLE BEAULIEU.

C'est que, si je fais des boucles, je fais aussi quelquefois des plaisanteries. Vrai, la pièce est faite?

MONSIEUR HARDOUIN.

Non, elle se fait. Qu'est-ce que cet énorme bouquet? Il est beau, très beau, mais toutes ces roses ne vaudront jamais la touffe de lis ou le seul bouton qu'elles nous cachent.

MADEMOISELLE BEAULIEU.

S'il nous faut des couplets, il nous faut aussi des bouquets, et nous sommes allés mettre au pillage les parterres de M. Poultier. Comme il n'est jamais sûr de son temps et que ses affaires pourroient l'arrêter à Versailles le jour de la fête de Mme de Malves, il est venu présenter un hommage d'avance.

MONSIEUR HARDOUIN.

Il est ici?

MADEMOISELLE BEAULIEU.

Je crois que je l'entends descendre.

SCÈNE III.

MONSIEUR HARDOUIN, MONSIEUR POULTIER, *premier commis de la marine.*

MONSIEUR HARDOUIN, *vers la coulisse.*

Monsieur Poultier, Monsieur Poultier, c'est Hardouin, c'est moi qui vous appelle; un mot, s'il vous plaît.

MONSIEUR POULTIER.

Vous êtes un indigne; je ne devrois pas vous apercevoir. Y a-t-il deux ans que vous me promettez de venir dîner avec nous? Il est vrai qu'on m'a dit que c'étoit par cette raison qu'il n'y falloit point compter; mais, rancune tenante, que me voulez-vous?

MONSIEUR HARDOUIN.

Auriez-vous un quart d'heure à m'accorder?

MONSIEUR POULTIER, *tirant sa montre.*

Oui, un quart d'heure, mais pas davantage, c'est jour de dépêches.

MONSIEUR HARDOUIN, *vers l'antichambre.*

Qui que ce soit qui vienne, je n'y suis pas; qui que ce soit, entendez-vous?

MONSIEUR POULTIER.

Cela semble annoncer une affaire grave.

MONSIEUR HARDOUIN.

Très grave. Avez-vous toujours de l'amitié pour moi?

MONSIEUR POULTIER.

Oui, traître; malgré tous vos travers, est-ce qu'on peut s'en empêcher?

MONSIEUR HARDOUIN.

Si je me jetois à vos genoux, et que j'implorasse votre secours dans la circonstance de ma vie la plus importante, me l'accorderiez-vous?

MONSIEUR POULTIER.

Auriez-vous besoin de ma bourse?

MONSIEUR HARDOUIN.

Non.

MONSIEUR POULTIER.

Vous seriez-vous encore fait une affaire?

MONSIEUR HARDOUIN.

Non.

MONSIEUR POULTIER.

Parlez, demandez, et soyez sûr que, si la chose n'est pas impossible, elle se fera.

MONSIEUR HARDOUIN.

Je ne sais par où commencer.

MONSIEUR POULTIER.

Avec moi! allez droit au fait.

MONSIEUR HARDOUIN.

Connoissez-vous Mme Bertrand?

MONSIEUR POULTIER.

Cette diable de veuve qui depuis six mois tient la ville et la cour à nos trousses, et qui nous a fait plus d'ennemis en un jour que dix autres solliciteurs ne nous en auroient fait en dix ans? Encore trois ou quatre clientes comme elle, et il faudroit déserter les bureaux. Que veut-elle? Une pension? on la lui offre. Que voulez-vous? Qu'on l'augmente? on l'augmentera.

MONSIEUR HARDOUIN.

Ce n'est pas cela; elle consent à ce qu'on la diminue, pourvu qu'on la rende réversible sur la tête de son fils.

MONSIEUR POULTIER.

Cela ne se peut, cela ne se peut. Cela ne s'est pas encore fait, cela ne doit pas se faire, cela ne se fera point. Voyez donc, mon ami, vous qui avez du sens, les conséquences de cette grâce. Voulez-vous nous attirer sur les bras cent autres veuves pour lesquelles votre Mme Bertrand aura fait la planche? Faut-il que les règnes continuent à s'endetter successivement? Savez-vous qu'il en coûte presque autant pour les dépenses courantes? Nous voulons nous liquider, et ce n'en est pas là le moyen. Mais quel intérêt pouvez-vous prendre à cette femme, assez puissant pour vous fermer les yeux sur la chose publique?

Monsieur Hardouin.

Quel intérêt j'y prends? Le plus grand. Avez-vous regardé Mme Bertrand?

Monsieur Poultier.

D'accord, elle est fort bien.

Monsieur Hardouin.

Et si je la trouvois telle depuis dix ans?

Monsieur Poultier.

Vous en auriez assez.

Monsieur Hardouin.

Laissons la plaisanterie. Vous êtes un très galant homme, incapable de compromettre la réputation d'une femme et de faire mourir de douleur un ami. Ces gens de mer, peu aimables d'ailleurs, sont sujets à de longues absences.

Monsieur Poultier.

Et ces longues absences seroient fort ennuyeuses pour leurs femmes, si elles étoient folles de leurs maris.

Monsieur Hardouin.

Mme Bertrand estimoit fort le brave capitaine Bertrand, mais elle n'en avoit pas la tête tournée, et cet enfant pour lequel elle sollicite la réversibilité de la pension, cet enfant...

Monsieur Poultier.

Vous en êtes le père.

Monsieur Hardouin.

Je le suppose.

MONSIEUR POULTIER.

Pourquoi diable lui faire un enfant?

MONSIEUR HARDOUIN.

C'est elle qui l'a voulu.

MONSIEUR POULTIER.

Cependant cela change un peu la thèse.

MONSIEUR HARDOUIN.

Je ne suis pas riche, vous connoissez ma façon de penser et de sentir. Dites-moi, si cette femme venoit à mourir, croyez-vous que je pusse supporter les dépenses de l'éducation d'un enfant, ou me résoudre à l'oublier, à l'abandonner? Le feriez-vous?

MONSIEUR POULTIER.

Non; mais est-ce à l'État à réparer les sottises des particuliers?

MONSIEUR HARDOUIN.

Ah! si l'État n'avoit pas fait et ne faisoit pas d'autres injustices que celle que je vous propose! si l'on n'eût accordé et si l'on n'accordoit de pensions qu'aux veuves dont les maris se sont noyés pour satisfaire aux lois de l'honneur et de la marine, croyez-vous que le fisc en fût épuisé? Permettez-moi de vous le dire, mon ami, vous êtes d'une probité trop rigoureuse, vous craignez d'ajouter une goutte d'eau à l'Océan. Si cette grâce étoit la première de cette nature, je ne la demanderois pas.

MONSIEUR POULTIER.

Et vous feriez bien.

MONSIEUR HARDOUIN.

Mais des prostituées, des proxénètes, des chan-
teuses, des danseuses, des histrions, une foule de
lâches, de coquins, d'infâmes, de vicieux de toute
espèce, épuiseront le trésor, pilleront la cassette,
et la femme d'un brave homme...

MONSIEUR POULTIER.

C'est qu'il y en a tant d'autres qui ont aussi bien
mérité de nous que le capitaine Bertrand, et laissé
des veuves indigentes avec des enfans.

MONSIEUR HARDOUIN.

Et que m'importent ces enfans que je n'ai pas
faits, et ces veuves en faveur desquelles ce n'est
pas un ami qui vous sollicite?

MONSIEUR POULTIER.

Il faudra voir.

MONSIEUR HARDOUIN.

Je crois que tout est vu, et vous ne sortirez pas
d'ici que je n'aie votre parole.

MONSIEUR POULTIER.

A quoi vous servira-t-elle! Ne faut-il pas l'agré-
ment du ministre? Mais il a de l'estime et de
l'amitié pour vous.

MONSIEUR HARDOUIN.

Et vous lui confierez...

MONSIEUR POULTIER.

Il le faudra bien. Cela vous effarouche, je crois?

MONSIEUR HARDOUIN.

Un peu. Ce secret n'est pas le mien, c'est celui d'un autre, et cet autre c'est une femme.

MONSIEUR POULTIER.

Dont le mari n'est plus. Vous êtes un enfant... Savez-vous comment votre affaire tournera? Je dirai tout, on sourira. Je proposerai la diminution de la pension, à condition de la rendre réversible, on y consentira. Au lieu de la diminuer, nous la doublerons; le brevet sera signé sans avoir été lu, et tout sera fini.

MONSIEUR HARDOUIN.

Vous êtes charmant. Votre bienfaisance me touche aux larmes; venez, que je vous embrasse. Et notre brevet se fera-t-il longtemps attendre?

MONSIEUR POULTIER.

Une heure, deux heures peut-être. Je vais travailler avec le ministre; il y a beaucoup d'affaires, mais on n'expédie que celles que je veux. La vôtre passera la première, et dans un instant je pourrai bien venir moi-même vous instruire du succès.

MONSIEUR HARDOUIN.

Je ne saurois vous dire combien je vous suis obligé.

MONSIEUR POULTIER.

Ne me remerciez pas trop, je n'ai jamais eu la

conscience plus à l'aise. Voilà en effet une belle récompense pour un homme de lettres qui a consumé les trois quarts de sa vie d'une manière honorable et utile, à qui le ministère n'a pas encore donné le moindre signe d'attention, et qui sans la magnificence d'une souveraine étrangère... Adieu. Je pourrois, je crois, vous rappeler votre promesse, mais je ne veux pas que l'ombre de l'intérêt obscurcisse ce que vous regardez comme un bienfait. Vous retrouverai-je ici?

MONSIEUR HARDOUIN.

Assurément, si j'ai le moindre espoir de vous y revoir. (*Rappelant M. Poultier qui s'en va.*) Mon ami?...

MONSIEUR POULTIER.

Qu'est-ce qu'il y a?

MONSIEUR HARDOUIN.

Cette confidence au ministre...

MONSIEUR POULTIER.

Vous chiffonne, je le conçois, mais elle est indispensable.

MONSIEUR HARDOUIN.

Vous croyez? (*Il sourit.*)

SCÈNE IV.

MONSIEUR HARDOUIN.

Et voilà comment il faut s'y prendre quand on veut obtenir. Je n'avois qu'à dire à Poultier : « Cette femme ne m'est rien. Je ne la connois que d'hier; je l'ai rencontrée, en courant le monde, chez des personnes qui s'y intéressent. On sait que je vous connois, on a pensé que je pourrois quelque chose pour elle. J'ai promis de vous en parler, je vous en parle, voilà ma parole dégagée. Faites, du reste, ce qui vous conviendra, je ne veux ni vous compromettre, ni vous importuner. » Poultier m'auroit répondu froidement : « Cela ne se peut... » Et nous aurions parlé d'autre chose... Mais Mme Bertrand approuvera-t-elle le moyen dont je me suis servi? Si par hasard elle étoit un peu scrupuleuse... Je l'oblige, il est vrai, mais à ma manière, qui pourroit bien n'être pas la sienne... Au demeurant, que ne s'en expliquoit-elle? Ne lui ai-je pas exposé mes principes? ne lui ai-je pas demandé, ne m'a-t-elle pas permis de me rendre son affaire personnelle? Qu'ai-je fait de plus?... Si Poultier pouvoit m'envoyer ou plutôt m'apporter le brevet avant le retour de la veuve... La bonne folie qui me vient!... J'arrive ici pour y faire une pièce, car Mme de Chepy comptoit me chambrer tout le jour et peut-être toute la nuit ; elle avoit bien pris son moment!... A propos, il faut envoyer chez Surmont pour savoir où il en est ; je ne voudrois pas que la fête manquât.

SCÈNE V.

MONSIEUR HARDOUIN, UN LAQUAIS.

LE LAQUAIS.

M. des Renardeaux est allé chez un premier magistrat, mais il en reviendra dans un moment et vous l'aurez.

MONSIEUR HARDOUIN.

Allez chez M. de Surmont, dites-lui que je l'attends ici dans la journée avec ce qu'il m'a promis, et que, si le rôle de Mlle Beaulieu est prêt, il le lui envoie, parce qu'elle a peu de mémoire.

LE LAQUAIS, *à part.*

Chez M. de Surmont ! à une lieue ! il me prend pour un cheval de poste.

MONSIEUR HARDOUIN.

Retiendrez-vous bien tout cela ?

LE LAQUAIS.

Parfaitement.

MONSIEUR HARDOUIN.

Répétez-le-moi.

LE LAQUAIS.

Aller chez M. de Surmont, lui dire que vous l'attendez chez vous avec ce qu'il sait bien, et que si le rôle de Mlle Beaulieu est prêt, de vous l'en-voyer... de le lui envoyer tout de suite.

MONSIEUR HARDOUIN.

De vous, de lui, lequel des deux?

LE LAQUAIS.

De vous l'envoyer.

MONSIEUR HARDOUIN.

Non, butor; non, c'est de le lui envoyer à elle; et ce n'est pas chez moi, c'est ici que je l'attends, lui, de Surmont.

LE LAQUAIS.

Sauf votre respect, Monsieur, je crois que vous n'avez pas dit comme cela.

MONSIEUR HARDOUIN.

Cela feroit sauter aux nues. Ils font une sottise, et pour la réparer ils en disent une autre. C'est qu'il faudroit toujours écrire... Mais voilà ma veuve; elle arrive un peu plus tôt que je ne la désirois.

SCÈNE VI.

MONSIEUR HARDOUIN, MADAME BERTRAND.

MADAME BERTRAND.

Vous allez dire, Monsieur, que ceux qui n'ont qu'une affaire sont bien incommodes; mais, si je vous importune, ne vous gênez point du tout, je reviendrai dans un autre moment.

MONSIEUR HARDOUIN.

Non, Madame, les malheureux et les femmes aimables ne viennent jamais à contre-temps chez celui qui est bienfaisant et qui a du goût.

MADAME BERTRAND.

Pour les femmes aimables, cela peut être vrai; quant aux malheureux, il m'est impossible d'être de votre avis. Si vous saviez combien de fois j'ai lu sur les visages, malgré le masque officieux dont ils se couvroient : « Toujours cette veuve! que vient-elle faire ici? J'en suis excédé; elle s'imagine qu'on n'a dans la tête qu'une chose, et que c'est la sienne. » A peine m'offroit-on une chaise. On s'é-lançoit au-devant de moi, non par politesse, mais pour ne me pas laisser le temps d'avancer. On m'arrêtoit à la porte, et là on me disoit entre les deux battans : « J'ai pensé à votre affaire, je ne la perds pas de vue; comptez sur ce qui dépendra de moi... — Mais, Monsieur... — Madame, je suis désolé de ne pouvoir vous retenir plus longtemps; je suis accablé. » Je faisois ma révérence, on me la rendoit, et j'ai quelquefois entendu le maître dire à ses domestiques : «J'avois consigné cette femme, pourquoi l'a-t-on laissée passer? Si elle reparoît, je n'y suis pas, je n'y suis pas. »

MONSIEUR HARDOUIN.

Vous me parlez là de gens sans âme et sans yeux.

MADAME BERTRAND.

Tout en est plein; mais ce n'est rien que cela, j'ai trouvé des gens pires que ceux dont je viens de vous parler. On n'ose dire à quel prix ils mettent leurs services; cela fait horreur.

MONSIEUR HARDOUIN.

Malgré leur peu de délicatesse, je les conçois plus aisément.

MADAME BERTRAND.

En vérité, Monsieur, vous êtes presque le seul bienfaiteur honnête que j'aie rencontré.

MONSIEUR HARDOUIN.

Hélas! Madame, peu s'en faut que je ne rougisse de votre éloge.

MADAME BERTRAND.

Non, Monsieur, sans flatterie, tel on vous avoit peint à moi, tel je vous ai trouvé.

MONSIEUR HARDOUIN.

Ce sont mes amis qui vous ont parlé, et l'amitié
est sujette à s'aveugler et à surfaire. S'ils avoient
été vrais, ou plutôt s'ils m'avoient connu comme
je me connois, voici ce qu'ils vous auroient dit :
« Hardouin a l'âme sensible ; lui présenter une occasion de faire le bien, c'est l'obliger ; et, s'il avoit eu
le bonheur d'être utile à une femme pour laquelle
il s'avouât du penchant, il craindroit tellement de
flétrir un bienfait que cette considération suffiroit
pour le réduire à un très long silence. »

MADAME BERTRAND.

Oserois-je, Monsieur, vous faire une question ?
J'ai passé chez le premier commis du ministre et
j'ai appris qu'il étoit ici...

MONSIEUR HARDOUIN.

Et vous voulez savoir si je l'ai vu ? Oui, Madame,
je l'ai vu.

MADAME BERTRAND.

Eh bien, Monsieur ?

MONSIEUR HARDOUIN.

Notre affaire souffre des difficultés, mais elle
n'est point, mais point du tout désespérée.

MADAME BERTRAND.

Et vous croyez ?...

MONSIEUR HARDOUIN.

Madame, attendons, ne nous flattons de rien ;

au lieu de nous bercer d'une attente qui pourroit être vaine, ménageons-nous une surprise agréable.

SCÈNE VII.

MONSIEUR HARDOUIN, MADAME BERTRAND, UN LAQUAIS.

LE LAQUAIS.
C'est de la part de M. Poultier qui vous salue. Il m'a chargé de vous remettre ce paquet en main propre, et de vous prévenir que dans un moment il seroit ici.

SCÈNE VIII.

MONSIEUR HARDOUIN, MADAME BERTRAND.

MONSIEUR HARDOUIN.
Notre sort est là dedans.
MADAME BERTRAND.
Je tremble.
MONSIEUR HARDOUIN.
Et moi aussi. Ouvrirai-je?
MADAME BERTRAND.
Ouvrez, ouvrez vite.

MONSIEUR HARDOUIN *ouvre et lit.*

C'est le brevet de votre pension, signé du ministre. Elle est de mille écus.

MADAME BERTRAND.

Le double de ce qu'on m'avoit offert?

MONSIEUR HARDOUIN.

Oui, j'ai bien lu, et réversible sur la tête de votre fils.

MADAME BERTRAND.

La force me manque, permettez que je m'asseye. Monsieur, un verre d'eau, je me trouve mal.

MONSIEUR HARDOUIN, *vers la coulisse.*

Vite, un verre d'eau. (*Cependant M. Hardouin écarte le mantelet de Mme Bertrand et la met un peu en désordre.*)

MADAME BERTRAND, *toujours assise.*

J'ai donc enfin de quoi subsister! Mon enfant, mon pauvre enfant, ne manquera ni d'éducation ni de pain! Et c'est à vous, Monsieur, que je le dois! Pardonnez, Monsieur, je ne saurois parler, la violence de mon sentiment m'embarrasse la voix. Je me tais; mais regardez, voyez et jugez. (*Mme Bertrand ne s'aperçoit qu'alors de son désordre.*)

MONSIEUR HARDOUIN.

Vous n'avez jamais été de votre vie aussi touchante et aussi belle. Ah! que celui qui vous voit

dans ce moment est heureux, j'ai presque dit est
à plaindre de vous avoir servie !

MADAME BERTRAND.

Me permettrez-vous d'attendre ici M. Poultier ?

MONSIEUR HARDOUIN.

Il faut faire mieux. Cet enfant deviendra grand ;
qui sait si quelque jour il n'aura pas besoin de la
faveur du ministre et des bons offices du premier
commis ? Mon avis seroit que vous allassiez le chercher et que vous le présentassiez à M. Poultier.

MADAME BERTRAND.

Vous avez raison, Monsieur. A ce sang-froid
qui vous permet de penser à tout, il est aisé de
voir que l'exercice de la bienfaisance vous est familier. Je cours prendre mon enfant. Comme je vais
le baiser ! Si je ne vous apparois pas dans un quart
d'heure, c'est que je serai morte de joie.

MONSIEUR HARDOUIN, *lui offrant le bras.*

Permettez, Madame...

MADAME BERTRAND.

Non, Monsieur, non ; je me sens beaucoup
mieux.

MONSIEUR HARDOUIN, *vers la coulisse.*

Donnez le bras à madame jusqu'à sa voiture.

SCÈNE IX.

MONSIEUR HARDOUIN, *seul.*

Moi, un bon homme, comme on le dit! je ne le suis point. Je suis né foncièrement dur, méchant, pervers. Je suis touché presque jusqu'aux larmes de la tendresse de cette mère pour son enfant, de sa sensibilité, de sa reconnoissance, j'aurois même du goût pour elle; et malgré moi je persiste dans le projet peut-être de la désoler... Hardouin, tu t'amuses de tout, il n'y a rien de sacré pour toi; tu es un fieffé monstre... Cela est mal, très mal... il faut absolument que tu te défasses de ce mauvais tour d'esprit... et que je renonce à la malice que j'ai projetée?... Oh! non... mais, après celle-là, plus, plus; ce sera la dernière de ma vie.

SCÈNE X.

MONSIEUR HARDOUIN, MADAME DE VERTILLAC.

MONSIEUR HARDOUIN.

Seule?

MADAME DE VERTILLAC.

Seule.

MONSIEUR HARDOUIN.

Qu'avez-vous fait de votre fille?

MADAME DE VERTILLAC.

Ma fille, nous en parlerons tout à l'heure ; mais il faut d'abord que je vous entretienne d'une chose qui presse et qui pourroit m'échapper. Vous avez été lié avec le marquis de Tourvelle?

MONSIEUR HARDOUIN.

Oui, avant que le Grisel lui barbouillât la tête.

MADAME DE VERTILLAC.

L'êtes-vous encore?

MONSIEUR HARDOUIN.

Peu. J'ai quelque espoir de le voir aujourd'hui.

MADAME DE VERTILLAC.

Écoutez-moi bien. Il est devenu collateur d'un excellent bénéfice.

MONSIEUR HARDOUIN.

Je le sais ; le prieuré de Préfontaine.

MADAME DE VERTILLAC.

Eh bien, le sot marquis ne veut-il pas conférer ce prieuré à un certain abbé Gaucher... Gauchat, sulpicien renforcé, à face blême, à cheveux plats, théologien sublime! Mais que m'importe toute sa théologie, s'il est triste, ennuyeux à périr et sans la moindre ressource dans la société?

MONSIEUR HARDOUIN.

Vous avez raison ; il ne faut pas souffrir cela.

MADAME DE VERTILLAC.

Vous emploierez donc tout ce que vous avez d'autorité sur l'esprit du marquis en faveur de l'abbé Dubuisson, garçon charmant, chez qui j'irai faire le reversis qui sera suivi d'un excellent souper. Si la table de l'abbé est délicate, c'est que sa conversation est encore plus amusante. Personne ne sait mieux les aventures scandaleuses et ne les raconte avec plus de décence; et, si je ne craignois d'être médisante, je vous dirois qu'il est excellent chansonnier et le bon, le tendre, l'intime ami de notre intendante, qui se charge en échange des petits couplets de l'abbé.

MONSIEUR HARDOUIN.

De Tourvelle connoît-il le Gauchat et votre Dubuisson?

MADAME DE VERTILLAC.

Non. L'un n'est jamais sorti de son séminaire, et l'autre est trop bonne compagnie pour lui.

MONSIEUR HARDOUIN.

Il suffit; à présent venons à votre fille.

SCÈNE XI.

MONSIEUR HARDOUIN, MADAME DE VERTILLAC, MONSIEUR DES RENAR-DEAUX, *qui passe sa tête entre les deux battans de la porte.*

MONSIEUR DES RENARDEAUX.
Vous êtes en affaires, je reviendrai.
MONSIEUR HARDOUIN.
Non, non, restez. Je suis à vous dans le moment... (*A Mme de Vertillac.*) C'est un ami avec qui j'en use sans conséquence.

SCÈNE XII.

MONSIEUR HARDOUIN, MADAME DE VERTILLAC.

MONSIEUR HARDOUIN.
Et votre fille?
MADAME DE VERTILLAC.
J'ai pensé que ces petites oreilles-là seroient au moins superflues pour ce que nous avons à nous dire, et je viens de les déposer chez notre amie, Mme de Chepy.

MONSIEUR HARDOUIN.

La pauvre enfant, que je la plains! (*Il sonne.
Bas au laquais.*) Faites dire à M. de Crancey de
se rendre sur-le-champ chez Mme de Chepy, où il
trouvera bonne compagnie.

MADAME DE VERTILLAC.

C'est pour qu'on ne vienne pas nous interrompre ?

MONSIEUR HARDOUIN.

Tout juste.

MADAME DE VERTILLAC.

Eh bien, que dites-vous de ce Crancey?

MONSIEUR HARDOUIN.

Je dis qu'il a la tête tournée de votre fille, et
que ce n'est pas un grand malheur.

MADAME DE VERTILLAC.

Une dissimulation de quatre jours! Je ne par-
donnerai jamais ce mystère à ma fille. Mais par-
lons d'abord de nous, ensuite nous parlerons d'elle.
Je me doute bien que depuis notre cruelle sépara-
tion votre cœur ne vous est pas resté. Point de
question de ma part sur ce point, parce que vous
me mentiriez peut-être; aucune de la vôtre, s'il
vous plaît, parce que je serois femme à vous dire la
vérité. Mais votre temps, votre talent?

MONSIEUR HARDOUIN.

Ma foi! je les donne à tous ceux qui en font assez de cas pour les accepter.

MADAME DE VERTILLAC.

C'est ainsi que la vie se passe sans acquérir ni réputation ni fortune.

MONSIEUR HARDOUIN.

Si la fortune vient à moi, je ne la repousserai pas; mais on ne me verra jamais courir après elle. Quant à la réputation, c'est un murmure qui peut flatter un moment, mais qui ne vaut guère la peine qu'on s'en soucie, surtout quand on quitte *Tartufe* et *le Misanthrope* pour courir à *Jérôme Pointu*. Le bon goût est perdu.

MADAME DE VERTILLAC.

Mais vous êtes devenu philosophe!

MONSIEUR HARDOUIN.

Et triste.

MADAME DE VERTILLAC.

Triste! et pourquoi? Ils disent tous que la sagesse est la source de la sérénité.

MONSIEUR HARDOUIN.

La mienne s'afflige de la folie.

MADAME DE VERTILLAC.

Vous n'y pensez pas. Les fous ont été créés pour l'amusement du sage, il faut en rire.

MONSIEUR HARDOUIN.

On passeroit son temps à rire de ses amis.

MADAME DE VERTILLAC.

Hardouin, prenez-y garde, vous couvez une maladie, vous changez de caractère.

MONSIEUR HARDOUIN.

Quoi! si vous vous trouviez, à votre insu, dans une de ces circonstances critiques qui portent la désolation au fond du cœur d'une mère, vous me conseilleriez de n'envisager la chose que du côté plaisant et de faire le rôle de Démocrite?

MADAME DE VERTILLAC.

Non ; mais je n'en suis pas là, et je ne vous permettrai jamais de prendre aux passans l'intérêt que vous me devez.

MONSIEUR HARDOUIN.

J'ai vu de Crancey.

MADAME DE VERTILLAC.

Vous a-t-il parlé de moi?

MONSIEUR HARDOUIN.

C'est la plus belle âme, la plus ingénue. J'ai sa confiance au point que, s'il avoit commis un crime, je crois qu'il me l'avoueroit.

MADAME DE VERTILLAC.

Et de ma fille, que vous en a-t-il dit? Tenez, mon cher Hardouin, j'aime de Crancey ; mais le reste de la famille, je l'ai en horreur, et je ne me résoudrai jamais à vivre avec ces gens-là.

MONSIEUR HARDOUIN.

Tant pis, tant pis.

MADAME DE VERTILLAC.

Ah! ne voilà-t-il pas que votre héracliterie vous reprend? Allons, éclaircissez ce front chargé d'ennui.

Livrez-vous au plaisir de revoir votre **première** amie, qui vous a toujours regretté. Vous étiez bien jeune; il y a déjà des années... Vous vous taisez. Savez-vous que ce silence et ce maintien commencent à me soucier? Ne craignez rien, Hardouin; je ne suis pas venue pour vous rappeler les plus beaux jours de ma vie, et peut-être de la vôtre. Si vous avez un engagement, il faut y être fidèle. J'ai des principes.

MONSIEUR HARDOUIN.

De Crancey m'a écrit, et je lui ai répondu.

MADAME DE VERTILLAC.

Je ne connois pas encore son style; cela doit être bien emporté, bien tendre. Est-ce que vous me refuseriez la lecture de ces lettres?

MONSIEUR HARDOUIN.

Non, si je pouvois attendre de votre part un peu de modération et d'impartialité. Là, mon amie, quand vous jetteriez les hauts cris, ce qui seroit fait n'en seroit pas moins fait, et toutes vos fureurs ne répareroient rien.

MADAME DE VERTILLAC.

Que voulez-vous dire? Les lettres! les lettres! Il faut que je les voie sans délai.

MONSIEUR HARDOUIN.

Je ne me suis proposé ni de vous offenser, ni d'excuser votre fille, mais, si j'osois vous rappeler au temps de votre mariage, vous concevriez qu'avec un esprit droit, une âme honnête et la meilleure éducation, l'opiniâtreté déplacée des parens, leurs persécutions, leurs délais, peuvent amener un accident.

MADAME DE VERTILLAC.

Ciel ! qu'ai-je entendu ? Les lettres ! pour Dieu, mon cher ami, les lettres !

MONSIEUR HARDOUIN.

Les voilà, mais je ne vous les confierai que sur votre parole d'honneur de ne parler de rien à de Crancey ni à votre fille, de vous conduire avec elle comme une mère indulgente et bonne, comme la vôtre se conduisit avec vous, de consulter avec moi sur le meilleur et le plus prompt expédient pour tout réparer, et de n'éclater, s'il faut que vous éclatiez, que lorsque nous serons sortis d'embarras. Votre parole d'honneur ?

MADAME DE VERTILLAC.

Je la donne : je me tairai ; et que lui dirois-je à elle ! J'ai perdu le droit de me plaindre. Ah ! ma pauvre mère, combien elle a dû souffrir ! C'est à présent que je l'éprouve. (*Mme de Vertillac lit les lettres, elles lui tombent des mains. Elle se renverse dans un fauteuil, elle pleure, elle se désole. Elle dit :*) Qui l'auroit imaginé d'une enfant aussi timide, aussi innocente ?

MONSIEUR HARDOUIN.

Vous l'étiez autant qu'elle.

13

MADAME DE VERTILLAC.

D'un jeune homme aussi sage, aussi réservé!

MONSIEUR HARDOUIN.

Feu M. de Vertillac ne l'étoit pas moins.

MADAME DE VERTILLAC.

Je ne sais comment cela se fit.

MONSIEUR HARDOUIN.

Votre fille le sait encore moins.

MADAME DE VERTILLAC.

Mères, pauvres mères, veillez bien sur vos enfans!... Mais il veut que je signe un dédit; est-il
fou? Ce n'est plus à lui à redouter mon refus; il
me tient pieds et poings liés, et c'est à moi à trem-
bler du refroidissement qui suit presque toujours
les passions satisfaites.

MONSIEUR HARDOUIN.

Vous voyez mal, souffrez que je vous le dise:
de Crancey connoît toute l'impétuosité de votre
caractère, et il craint de perdre celle qu'il aime,
même après un événement qui doit lui en assurer
la possession. Cela est tout à fait honnête et délicat.

MADAME DE VERTILLAC.

Où est ce dédit? Vite, vite, que je le signe, et
qu'on me les mène à l'église... Il étoit donc écrit
que je vivrois avec les Crancey!

MONSIEUR HARDOUIN, *à un laquais.*

Faites entrer M. des Renardeaux.

SCÈNE XIII.

MONSIEUR HARDOUIN, MADAME DE VERTILLAC, MONSIEUR DES RENARDEAUX, *en perruque énorme, le bonnet carré à la main et en robe de palais.*

MONSIEUR DES RENARDEAUX.
L'affaire m'a paru si pressante que je suis venu droit ici. La dame Servin...

MONSIEUR HARDOUIN.
Mettez-vous là, et dressez-nous un dédit entre une mère qui veut bien accorder sa fille à un galant homme qui la demande en mariage ; mais la mère a des raisons bonnes ou mauvaises de se méfier de la légèreté du jeune homme.

MONSIEUR DES RENARDEAUX.
Cela est prudent, très prudent. Le nom de la mère ?

MADAME DE VERTILLAC.
Marie-Jeanne de Vertillac.

MONSIEUR DES RENARDEAUX, *se levant
et la saluant profondément.*
C'est madame. Veuve ?

MONSIEUR HARDOUIN.
Veuve.

MONSIEUR DES RENARDEAUX.

Le nom de la fille?

MADAME DE VERTILLAC.

Henriette.

MONSIEUR DES RENARDEAUX.

D'un premier, d'un second lit?

MONSIEUR HARDOUIN.

D'un premier, sans plus.

MONSIEUR DES RENARDEAUX.

Majeure, mineure?

MONSIEUR HARDOUIN.

Mineure, je crois.

MADAME DE VERTILLAC.

Oui, mineure. Cela finira-t-il?

MONSIEUR DES RENARDEAUX.

Et le jeune homme?

MONSIEUR HARDOUIN.

Majeur, très majeur.

MONSIEUR DES RENARDEAUX.

Tant mieux; sans cela, une feuille de chêne et cet écrit seroient tout un. La somme du dédit?

MADAME DE VERTILLAC.

La plus forte, la plus forte.

MONSIEUR DES RENARDEAUX.

Madame est-elle bien sûre de ne pas changer d'avis?

MADAME DE VERTILLAC.

Trente, quarante, cent, tout ce qu'il vous plaira.

Monsieur des Renardeaux.

Allons, vingt mille écus. La somme est honnête, et, en cas d'événement, il ne faut pas s'exposer à une réduction que la loi ne manqueroit pas d'ordonner. A présent il n'y a plus qu'à signer. (*Mme de Vertillac se lève et signe, et Des Renardeaux dit :*) Vous voilà dans les grandes affaires; je vous laisse. Permettez que je dépose mon uniforme ici, et je vous reviens.

SCÈNE XIV.

MONSIEUR HARDOUIN, MADAME DE VERTILLAC, MADEMOISELLE DE VERTILLAC, MADAME DE CHEPY, MONSIEUR DE CRANCEY.

Madame de Chepy.

Allons, mon amie, il faut absolument terminer le supplice de ces deux charmans enfans-là. N'avezvous point de remords de l'avoir fait durer si longtemps?

Madame de Vertillac.

Le supplice ! J'en suis désolée.

Madame de Chepy.

Dieu soit loué ! le bon sens vous est donc revenu? (*A M. Hardouin.*) Et vous, Monsieur Hardouin, au lieu de vous promener en long et en large comme vous faites, approchez, et joignez votre joie à la nôtre. (*M. de Crancey et Mlle de Vertillac se jetant aux genoux de Mme de Vertillac.*)

MONSIEUR DE CRANCEY.

Ah! Madame!

MADEMOISELLE DE VERTILLAC.

Ah! maman, ma très bonne maman! (*Mme de Vertillac les regarde tous deux sérieusement sans mot dire.*)

MADAME DE CHEPY, *à Mme de Vertillac.*

Est-ce qu'il faut corrompre un si beau moment par de l'humeur?

MADAME DE VERTILLAC.

Je n'y tiens plus.

MONSIEUR HARDOUIN, *à Mme de Vertillac.*

Vous m'avez donné votre parole d'honneur. (*M. de Crancey embrasse M. Hardouin.*)

MADAME DE VERTILLAC *jette ses bras autour du cou de Mme de Chepy et lui dit :*

Ah! mon amie, les enfans, les enfans! Je meurs de douleur.

MADAME DE CHEPY.

Mais c'est un délire!

MADAME DE VERTILLAC.

A ma place, vous en étoufferiez de rage.

MADAME DE CHEPY.

A votre place, je serois la plus heureuse des mères.

MADEMOISELLE DE VERTILLAC.

Ma mère, j'aime tendrement M. de Crancey, je l'obtiendrai pour époux, ou je jure devant Dieu et devant vous de n'en avoir point d'autre.

MADAME DE VERTILLAC.

Et vous ferez bien.

MADEMOISELLE DE VERTILLAC.

Mais je préférerai toujours votre bonheur au mien. Si vous vous repentez de votre consentement, retirez-le, il n'y a rien de fait.

MADAME DE VERTILLAC.

Quelle impudence !

MONSIEUR DE CRANCEY.

Oserai-je vous demander, Madame, quel jour sera le plus heureux de ma vie ?

MADAME DE VERTILLAC.

Vous ne savez que trop, Monsieur, que le plus voisin sera le mieux.

SCÈNE XV.

MONSIEUR HARDOUIN, MONSIEUR DE CRANCEY.

MONSIEUR DE CRANCEY.

Mon ami, que je vous embrasse encore. Je vous dois plus que la vie, qui n'est rien sans le bonheur, et point de bonheur pour moi sans mon Henriette. Mais dites-moi donc, tenez-vous les âmes des mortels dans votre main? Êtes-vous un dieu, êtes-vous un démon?

MONSIEUR HARDOUIN.

L'un plutôt que l'autre.

MONSIEUR DE CRANCEY.

Comment avez-vous pu, dans un moment, persuader Mme de Vertillac, auprès de laquelle des sollicitations de plusieurs années, sollicitations de toute sa famille, sollicitations de la mienne, sollicitations d'une multitude de personnes distinguées, étoient restées sans effet? Quelle nouvelle à leur apprendre! Quelle joie pour mes parens, pour mes amis et pour les siens!

MONSIEUR HARDOUIN.

Approchez de cette table, et lisez.

MONSIEUR DE CRANCEY.

Un dédit! Quoi! cette femme qui a rejeté ma main avec tant d'opiniâtreté, c'est elle à présent qui craint que je ne la retire? Seroit-ce une précaution que vous avez prise, qu'elle prend contre son caprice? Après une épreuve de plusieurs années, douteroit-elle de ma constance? Plus j'y pense, plus je m'y perds; permettez que je m'empare de ce précieux papier.

MONSIEUR HARDOUIN.

Non, il seroit presque malhonnête qu'il passât

entre vos mains, et j'en serai le dépositaire, s'il vous plaît.

MONSIEUR DE CRANCEY.

C'est le garant de ma félicité, de la félicité d'Henriette, signé de la main de sa mère.

MONSIEUR HARDOUIN.

Vous méfiez-vous de moi?

MONSIEUR DE CRANCEY.

Après l'intérêt que vous avez pris à mon sort et le service que vous m'avez rendu, la moindre inquiétude seroit d'un ingrat. Je vous le laisse, gardez-le, mais gardez-le bien, n'allez pas l'égarer. Si le feu prend à la maison, car qui sait ce qui peut arriver? je suis si malheureux! ne sauvez que le dédit. Mon ami, cette femme n'est pas la moins capricieuse des femmes. Elle a de l'humeur; selon toute apparence, elle n'a pas été libre : qui sait si elle ne sera pas tentée de revenir sur ses pas?

MONSIEUR HARDOUIN.

Cela ne sera pas.

MONSIEUR DE CRANCEY.

Quoi qu'il en arrive, mon dessein, vous le pensez bien, n'est pas de faire usage de ce papier ; mais elle l'ignore, mais il suffiroit...

MONSIEUR HARDOUIN.

Mais il faut se délivrer avec toute la célérité possible des soins minutieux qui précèdent les mariages; il faut écrire; il faut se séparer sur-le-champ; il faut...

MONSIEUR DE CRANCEY.

Vous avez raison, mais il faut avant tout voir Henriette, voir Mme de Vertillac. Je suis libre à présent, et je puis disposer de moi sans attendre vos ordres?

MONSIEUR HARDOUIN.

Je le pense.

MONSIEUR DE CRANCEY.

Mon ami, je vous trouve un peu soucieux.

MONSIEUR HARDOUIN.

On le seroit à moins.

MONSIEUR DE CRANCEY.

Il y a dans votre conduite je ne sais quoi d'énig-matique qui s'éclaircira sans doute.

MONSIEUR HARDOUIN.

Je le crains.

SCÈNE XVI.

MONSIEUR HARDOUIN, LE MARQUIS DE TOURVELLE, *avec son bréviaire sous le bras.*

MONSIEUR HARDOUIN.

Monsieur le marquis, je vous salue. Les beaux jours ne sont pas plus rares; on ne vous voit plus.

Qu'êtes-vous devenu depuis notre dernier souper ?
C'étoit, je crois, chez la petite débutante.

LE MARQUIS DE TOURVELLE.

Les temps sont bien changés. Mon cher, j'ai été jeune comme vous, mais je m'en suis tiré ; j'ai connu la vanité de tous ces amusemens : vous la connoîtrez, et vous vous en tirerez comme moi. Mme de Malves y est-elle ?

MONSIEUR HARDOUIN.

Je le crois.

LE MARQUIS DE TOURVELLE.

Je la vois, je lui fais mon compliment et je m'enfuis. C'est aujourd'hui le père Élisée.

MONSIEUR HARDOUIN.

J'aurois pourtant quelque chose à vous dire.

LE MARQUIS DE TOURVELLE.

Pourvu que cela ne soit pas long. Le père Élisée ! mon ami, le père Élisée !

SCÈNE XVII.

MONSIEUR HARDOUIN, *seul.*

Ils vont se trouver tous les trois ensemble. Je les vois : d'abord ils garderont un profond silence ; mais cette femme violente ne se contiendra pas longtemps ; non, il n'y faut pas compter. D'abord, ils n'entendront rien à ces lettres ni à ce dédit; ensuite ils s'expliqueront... Quelle sera la surprise de la fille ! quelles seront les fureurs de la mère ! De Crancey, lui, rira; et vous, Monsieur Hardouin, que direz-vous ?... Nous verrons, il faut attendre l'orage.

SCÈNE XVIII.

MONSIEUR HARDOUIN, LE MARQUIS DE TOURVELLE.

LE MARQUIS DE TOURVELLE.
Vous rêviez là bien profondément.
MONSIEUR HARDOUIN.
Je rêvois; oui, je rêvois; et, si vous voulez que je vous le confesse, je rêvois à toutes ces fausses joies du monde... J'en suis las et très las.
LE MARQUIS DE TOURVELLE.
Vous l'avouerai-je à mon tour ? J'ai toujours bien espéré de vous, car je vous ai remarqué des sentimens de religion : au milieu de vos égaremens, vous avez respecté la religion; courage ! mon cher Hardouin; point de mauvaise honte; ce qui m'est arrivé vous arrivera : les brocards pleuvront sur vous; il faut s'attendre à cela; mais il faut aller à Dieu quand il nous appelle, les mo-

mens de la grâce ne sont pas fréquens. Quand
vous aurez pris intrépidement votre parti, venez
me voir, je vous mettrai entre les mains d'un
homme ; ah ! quel homme !... Mais il faut que je
vous quitte. Le père Élisée, et, après le père Élisée,
je nomme à ce prieuré de Préfontaine, pour lequel
on me sollicite de tous les côtés.

MONSIEUR HARDOUIN.

Mais, à propos, on dit par le monde, on m'a dit
que vous le destiniez à un abbé Gauchat, et j'en
suis vraiment affligé. L'abbé Gauchat est un de
mes compagnons d'étude. Il fait de jolis vers, il
fréquente la bonne compagnie, il joue, il a d'excellent vin de Champagne, dont il n'est pas éco-
nome, et il attend ce bénéfice pour faire usage de
son revenu, mais, entre nous, un usage détestable.

LE MARQUIS DE TOURVELLE.

C'est l'abbé Dubuisson que vous voulez dire.

MONSIEUR HARDOUIN.

Fi donc ! l'abbé Dubuisson est un homme doué
de toutes les vertus et de toutes les connois-
sances de son état, et qui, par ses mœurs, fait
l'édification de son séminaire, où il a toujours vécu.

LE MARQUIS DE TOURVELLE.

Que m'apprenez-vous là ?

MONSIEUR HARDOUIN.

Je gagerois bien que c'est une petite dévote de
vingt ans qui vous a recommandé le Gauchat.

LE MARQUIS DE TOURVELLE.

Il est vrai, et une dévote dont la chaleur m'a paru suspecte.

MONSIEUR HARDOUIN.

Et avec laquelle... Mon témoignage ne vous le paroîtra pas quand vous saurez que le Gauchat est de ma province, et peut-être un peu mon parent du côté de ma mère; ainsi, si je ne consultois que les liaisons du sang, c'est pour lui que je vous parlerois, mais il s'agit bien de cela! Il n'y a déjà que trop de mauvais dépositaires du patrimoine des pauvres, sans en augmenter le nombre. Le patrimoine des pauvres!

LE MARQUIS DE TOURVELLE.

Le patrimoine des pauvres!... Venez, que je vous embrasse pour le service important que vous me rendez. Quelle balourdise j'allois commettre! Je manquerai le père Élisée, mais l'abbé Dubuisson aura le prieuré, je vous en réponds. Adieu, mon ami. Si vous m'en croyez, vous écouterez le mouvement salutaire de votre conscience, et le plus tôt sera le mieux.

SCÈNE XIX.

MONSIEUR HARDOUIN, *seul.*

Je sers le vice, je calomnie la vertu... oui, mais la vertu simulée. Entre nous, ce Gauchat est un cafard, un fieffé cafard ; et, de tous les reptiles malfaisans, le cafard m'est le plus odieux... Ma veuve ne vient point avec son enfant... Point de nouvelles ni de Poultier, ni de Surmont, ni de Mlle Beaulieu... Ce benêt de laquais aura fait sa commission tout de travers : aussi pourquoi n'avoir pas écrit?... Voyons à tout ce monde-là.

ACTE IV

SCÈNE PREMIÈRE.

MADAME DE VERTILLAC, MADEMOI-
SELLE DE VERTILLAC, MONSIEUR DE
CRANCEY, MADAME DE CHEPY, *entrant
sur la fin de la scène.*

MADEMOISELLE DE VERTILLAC.

MAMAN, de grâce, expliquez-vous; vos reproches, quels qu'ils soient, me seront moins cruels que cette indignation muette qui vous oppresse et qui me désole.

MADAME DE VERTILLAC.

Retirez-vous.

MONSIEUR DE CRANCEY.

C'est une faute, mais mademoiselle en est tout à fait innocente.

MADAME DE VERTILLAC.

Elle dormoit peut-être! elle étoit léthargique! Elle veilloit, et vous avez usé de violence?

MONSIEUR DE CRANCEY.

Elle ignoroit...

MADAME DE VERTILLAC.

Et voilà l'effet de cette funeste réserve de nos parens! et pourquoi ne pas nous dire de bonne heure...

MONSIEUR DE CRANCEY.

Et qu'eussiez-vous dit à votre fille qui l'eût sauvée de mon désespoir? Vous me l'enleviez! Je la perdois!

MADAME DE VERTILLAC.

Et c'est sur une grande route! dans un lit d'auberge!...

MADEMOISELLE DE VERTILLAC.

Maman, me permettriez-vous de parler?

MADAME DE VERTILLAC.

Non, mourez de honte et taisez-vous.

MONSIEUR DE CRANCEY.

Madame...

MADAME DE VERTILLAC.

Vous, Monsieur, parlez, arrangez bien votre roman, mentez, mentez encore, mais songez que j'ai de quoi vous confondre. Approchez, reconnoissez-vous cette écriture?

MONSIEUR DE CRANCEY.

C'est celle d'Hardouin.

MADAME DE VERTILLAC.

Et cette lettre?

MONSIEUR DE CRANCEY.

Je ne sais de qui elle est.

MADAME DE VERTILLAC.

Vous ne l'avez point écrite?

MONSIEUR DE CRANCEY.

Non.

MADAME DE VERTILLAC.

Mais on y parle en votre nom, mais elle est si-
gnée de vous.

MONSIEUR DE CRANCEY.

J'en conviens. (*A part.*) Il y a de l'Hardouin
dans ceci.

MADAME DE VERTILLAC.

Ma fille, regardez-moi, regardez-moi fixement...
Malheureuse enfant, avoue, avoue tout, jette-toi
à mes pieds, demande grâce. Hélas! je n'ai que
trop bien appris à connoître la subtilité de ces ser-
pens-là ; l'excuse de ta foiblesse est au fond de
mon cœur.

MADEMOISELLE DE VERTILLAC.

Maman, que je sache du moins l'aveu que vous
attendez : interrogez votre fille, elle est prête à
vous répondre.

MADAME DE VERTILLAC.

Quoi! vous n'avez pas cédé... Tenez, lisez,
lisez tous deux... (*Tandis qu'ils lisent.*) Mais elle
ne rougit point, elle ne pâlit point, ils ne se dé-
concertent pas.

MADEMOISELLE DE VERTILLAC.

Rassurez-vous, maman ; c'est une calomnie, c'est une insigne calomnie.

MADAME DE VERTILLAC.

Vous ne m'en imposez point ?

MADEMOISELLE DE VERTILLAC.

Non, maman.

MADAME DE VERTILLAC.

Et toute cette trame seroit l'ouvrage d'Hardouin ?

MONSIEUR DE CRANCEY.

Je crois qu'il auroit pu mettre un peu plus de délicatesse dans les moyens de m'obliger ; mais il est mon ami, mais il voyoit ma peine...

MADAME DE VERTILLAC.

Où est le scélérat ? Où est-il ? Quelque part qu'il soit, il faut que je le trouve. Il a beau fuir, je le suivrai partout ; rien ne me contiendra : en présence de toute la terre je parlerai ; j'exposerai son indignité ; toutes les portes lui seront fermées, je le déshonorerai... Et cela vous paroît plaisant à vous, **Monsieur de Crancey ?** Allez, ma fille, avec un peu de pudeur, vous rougiriez jusque dans le blanc des yeux.

MADAME DE CHEPY *entre.*

Quel bruit ! qu'est-ce qu'il y a ? Votre fille baisse la vue, **M.** de Crancey ne demanderoit pas mieux que d'éclater, la fureur vous transporte. Que vous est-il donc arrivé depuis un moment ?

MADAME DE VERTILLAC.

Où est Hardouin?

MADAME DE CHEPY.

Que sais-je? Chez moi peut-être : j'ai une femme de chambre qui n'est pas mal...

MONSIEUR DE CRANCEY.

Et à qui il fait quelque chose de pis ou de mieux que de supposer un enfant.

MADAME DE VERTILLAC.

Chez vous? Retournons, retournons, ce témoin ne sera pas de trop.

MADAME DE CHEPY.

Est-ce que la tête lui tourne?

SCÈNE II.

MADAME DE VERTILLAC, MADEMOI-SELLE DE VERTILLAC, MONSIEUR DE CRANCEY, MADAME DE CHEPY, MON-SIEUR POULTIER.

MADAME DE VERTILLAC.

Monsieur, qui êtes-vous?

MONSIEUR POULTIER.

Madame, qu'est-ce qu'il y a pour votre service?

MADAME DE VERTILLAC.

Connoîtriez-vous un certain M. Hardouin?

MONSIEUR POULTIER.

Beaucoup.

MADAME DE VERTILLAC.

Tant pis pour vous. Ce M. Hardouin, ne pourriez-vous pas me le livrer vif ou mort, ce qui me
conviendroit davantage?

MONSIEUR POULTIER.

Je le cherche.

MADAME DE VERTILLAC.

Et moi aussi. Si vous le trouvez, je m'appelle
Mme de Vertillac, envoyez-le-moi chez Mme de
Chepy, ici, afin que je le tue, puisque vous ne
voulez pas me le tuer.

SCÈNE III.

MONSIEUR POULTIER, *seul, et regardant
aller Mme de Vertillac.*

C'est une folle... Mais où sera-t-il allé?

SCÈNE IV.

MONSIEUR POULTIER, MONSIEUR HARDOUIN.

MONSIEUR POULTIER.

Ah! vous voilà? d'où venez-vous?

MONSIEUR HARDOUIN.

De cent endroits.

MONSIEUR POULTIER.

Auriez-vous, par hasard, passé chez une dame de Chepy qui demeure ici?

MONSIEUR HARDOUIN.

Non.

MONSIEUR POULTIER.

On m'a chargé de vous y envoyer. Il y a là une autre femme qui vous attend avec impatience pour vous tuer. Allez vite.

MONSIEUR HARDOUIN.

Ce n'est rien... Mon ami, un autre que moi vous remercieroit, et j'en remercierois peut-être un autre que vous; mais vous allez tout à l'heure recevoir la véritable récompense de l'homme bienfaisant. Vous allez jouir du plus beau des spectacles, celui d'une femme charmante transportée de son bonheur, vous allez voir couler les larmes de la reconnoissance et de la joie. Elle trembloit comme la feuille à l'ouverture de votre paquet, elle s'est trouvée mal à la lecture de son brevet ; elle vouloit me remercier, elle ne trouvoit point d'expression. La voici qui vient avec son enfant. Permettez que je me retire.

MONSIEUR POULTIER.

Pourquoi?

MONSIEUR HARDOUIN.

Ces secousses-là sont douces, mais trop violentes pour moi. J'en suis presque malade le reste de la journée.

MONSIEUR POULTIER.

Et, de peur d'être malade, vous aimez mieux aller chez Mme de Chepy vous faire tuer.

SCÈNE V.

MONSIEUR POULTIER, MADAME BERTRAND, BINBIN, *son enfant;* MONSIEUR HARDOUIN, *caché entre les battans de la porte, moitié en dehors, moitié en dedans, et se prêtant à tous les mouvemens de cette plaisante scène.*

MADAME BERTRAND, *s'inclinant et fléchissant le genou de son fils devant M. Poultier.*

Monsieur, permettez... Mon fils, embrassez les genoux de monsieur.

MONSIEUR POULTIER.

Madame, vous vous moquez de moi... Cela ne se fait point... Je ne le souffrirai pas.

MADAME BERTRAND.

Sans vous, que serois-je devenue, et ce pauvre petit !

MONSIEUR POULTIER *s'assied dans un fauteuil, prend l'enfant sur ses genoux, le regarde fixement et dit :*

C'est son père, c'est à ne pouvoir s'y méprendre; qui a vu l'un voit l'autre.

MADAME BERTRAND.

J'espère, Monsieur, qu'il en aura la probité et le courage ; mais il ne lui ressemble point du tout.

MONSIEUR POULTIER.

Nous pourrions avoir raison tous deux... Ce sont ses yeux, même couleur, même forme, même vivacité.

MADAME BERTRAND.

Mais non, Monsieur : M. Bertrand avoit les yeux bleus, et mon fils les a noirs ; M. Bertrand les avoit petits et renfoncés, mon fils les a grands et presque à fleur de tête.

MONSIEUR POULTIER.

Et les cheveux? et le front? et le teint? et le nez ?

MADAME BERTRAND.

Mon mari avoit les cheveux châtains, le front

étroit et carré, la bouche énormément grande, les lèvres épaisses et le teint enfumé. Mon fils n'a rien de cela ; regardez-le donc : ses cheveux sont brun-clair, son front haut et large, sa bouche petite, ses lèvres fines ; pour le nez, M. Bertrand l'avoit épaté, et celui de mon fils est presque aquilin.

MONSIEUR POULTIER.

C'est son regard vif et doux.

MADAME BERTRAND.

Son père l'avoit sévère et dur.

MONSIEUR POULTIER.

Combien cela fera de folies !

MADAME BERTRAND.

Grâce à vos bontés, j'espère qu'il sera bien élevé, et, grâce à son heureux naturel, j'espère qu'il sera sage. N'est-il pas vrai, Binbin, que vous serez bien sage ?

BINBIN.

Oui, maman.

MONSIEUR POULTIER.

Combien cela vous donnera de chagrin ! que cela fera couler de larmes à sa mère !

MADAME BERTRAND.

Est-il vrai, mon fils ?

BINBIN.

Non, maman. Monsieur, j'aime maman de tout

mon cœur, et je vous assure que je ne la ferai jamais pleurer.

MONSIEUR POULTIER.

Quelle nuée de jaloux, de calomniateurs, d'ennemis, j'entrevois là!

MADAME BERTRAND.

Des jaloux, je lui en souhaite, pourvu qu'il en mérite; des calomniateurs et des ennemis, s'il en a, je m'en consolerai, pourvu qu'il ne les mérite pas.

MONSIEUR POULTIER.

Comme cela aura la fureur de dire tout ce qu'il est de la prudence de taire!

MADAME BERTRAND.

Pour ce défaut-là, j'en conviens, c'étoit bien un peu celui de son père.

MONSIEUR POULTIER.

Et puis gare la lettre de cachet, la Bastille ou Vincennes. Je vous salue, Madame; je suis trop heureux de vous avoir été bon à quelque chose. Bonjour, petit; on vous rappellera peut-être un jour mes prédictions.

SCÈNE VI.

MONSIEUR POULTIER; MADAME BER-
TRAND, *qui arrange ses cheveux et caresse son
enfant;* MONSIEUR HARDOUIN.

MONSIEUR POULTIER, *qui sort, à* M. *Hardouin
qui rentre sur la scène.*
Je suis bien aise de vous revoir, je tremblois
pour votre vie.

MONSIEUR HARDOUIN.
Je n'ai pas été là. Est-ce que vous ne soupez pas
avec nous?

MONSIEUR POULTIER.
Je n'oserois m'engager.

MONSIEUR HARDOUIN.
Restez. J'ai à démêler avec la furibonde en question, avec Mme de Chepy et beaucoup d'autres,
des querelles qui vous amuseront.

MONSIEUR POULTIER.
Je n'en doute pas; vous êtes surtout excellent
quand vous avez tort. Mais ces insurgens nous tra-
cassent, et il faut que j'aille...

MONSIEUR HARDOUIN.
A Passy? (M. *Poultier fait un signe de tête.*) Quel
homme est-ce?

MONSIEUR POULTIER.

Comme on l'a dit, un *acuto quakero*.

SCÈNE VII.

MADAME BERTRAND, MONSIEUR HARDOUIN.

MADAME BERTRAND.

Je n'en reviens pas ; ou il n'a jamais vu mon mari, ou il prend un autre pour lui... Monsieur, me pardonnerez-vous une question ?

MONSIEUR HARDOUIN.

Quelle qu'elle soit.

MADAME BERTRAND.

Vous allez penser mal de moi. Votre ami M. Poultier a le cœur excellent, mais a-t-il la tête bien saine ?

MONSIEUR HARDOUIN.

Très saine. Et quelle raison auriez-vous d'en douter ?

MADAME BERTRAND.

Ce qui vient de se passer entre nous.

MONSIEUR HARDOUIN.

Il aura été distrait, c'est le défaut de sa place et non le sien. Vous aurez voulu déployer votre re-connoissance, il ne vous aura pas écoutée, parce

qu'il met peu d'importance aux services qu'il rend.
Il est blasé sur ce plaisir.

MADAME BERTRAND.

C'est quelque chose de plus singulier. A peine
suis-je entrée que, sans presque me regarder, sans
s'apercevoir si je suis assise ou debout, toute son
attention se tourne sur mon fils.

MONSIEUR HARDOUIN.

C'est qu'il aime les enfans; moi, je suis pour
les mères.

MADAME BERTRAND.

Il se met ensuite à tirer son horoscope et à lui
prédire la vie la plus troublée et la plus malheureuse : des jaloux, des calomniateurs, des ennemis
de toutes les couleurs; des querelles avec l'Église,
la cour, la ville, les magistrats; bref, la Bastille ou
Vincennes.

MONSIEUR HARDOUIN.

Cela m'étonne moins que vous.

MADAME BERTRAND.

Est-ce qu'il seroit astrologue?

MONSIEUR HARDOUIN.

Non, mais grand physionomiste.

MADAME BERTRAND.

Le bon, c'est qu'il me soutient que cet enfant
ressemble comme deux gouttes d'eau à son père
dont il n'a pas le moindre trait.

MONSIEUR HARDOUIN.

Pardonnez-moi, Madame, c'est une chose qui m'a frappé comme lui. Jugez vous-même : les formes de mon visage et celles de monsieur votre fils sont tout à fait rapprochées.

MADAME BERTRAND.

Qu'est-ce que cela prouve? Vous ne ressemblez point à M. Bertrand.

MONSIEUR HARDOUIN.

Quoi! vous ne devinez rien?

MADAME BERTRAND.

Est-ce que M. Poultier auroit donné quelque interprétation bizarre au vif intérêt que vous avez daigné prendre à mon sort et à celui de mon enfant? Soupçonneroit-il...?

MONSIEUR HARDOUIN.

Il ne soupçonne pas, il est convaincu.

MADAME BERTRAND.

Tâchez, Monsieur, de me débrouiller cette énigme.

MONSIEUR HARDOUIN.

Il n'y a point là d'énigme. Vous rappelleriez-vous ce qui s'est dit entre nous lorsque je me suis chargé de votre affaire? Ne vous ai-je pas prévenue qu'un des moyens, le seul moyen de réussir, c'étoit de se rendre la chose personnelle? N'en êtes-vous pas convenue? Ne m'avez-vous pas permis expressément

d'en user? Et quel intérêt plus vif et plus person-
nel que celui d'un père pour son enfant?

MADAME BERTRAND.

Qu'entends-je? Ainsi votre ami me croit... vous
croit...

MONSIEUR HARDOUIN.

J'avoue que cela me fait un peu trop d'honneur;
mais, Madame, quel si grand inconvénient y a-t-il
à cela ?

MADAME BERTRAND.

Vous êtes un indigne, un infâme, un scélérat.
Et vous m'avez crue assez vile pour accepter une
pension à ce prix? Vous vous êtes trompé; je saurai vivre de pain et d'eau, je saurai mourir de faim,
s'il le faut. J'irai chez le ministre, je foulerai aux
pieds devant lui cet odieux brevet, je lui deman-
derai justice d'un insigne calomniateur, et je l'obtiendrai.

MONSIEUR HARDOUIN.

Il me semble que madame fait bien du bruit
pour peu de chose. Elle ne songe pas qu'il n'y a
que Poultier, le ministre et sa femme qui le sa-
chent, et je vous réponds de la discrétion des deux
premiers.

MADAME BERTRAND.

J'en ai trouvé de bien méchans, voilà le plus
méchant de tous. Je suis perdue! je suis désho-
norée !

MONSIEUR HARDOUIN.

Mettons la chose au pis : le mal est fait, et il n'y a plus de remède. Plus vos cris seront aigus, plus cette histoire aura d'éclat. Ne seroit-il pas mieux d'en recueillir paisiblement le fruit que d'apprêter à rire à toute la ville ? Songez, Madame, que le ridicule ne sera pas également partagé.

MADAME BERTRAND.

Ce sang-froid me met en fureur; et, si je m'en croyois, je lui arracherois les deux yeux.

MONSIEUR HARDOUIN.

Ah! Madame, avec ces jolies mains-là ! (*Il veut lui baiser les mains.*)

SCÈNE VIII.

MONSIEUR HARDOUIN, MADAME BERTRAND, *désolée et renversée dans un fauteuil;* MONSIEUR DES RENARDEAUX.

MONSIEUR DES RENARDEAUX.

Qu'est ceci ? D'un côté un homme interdit, de l'autre une femme qui se désole. L'ami, est-ce une délaissée?

MONSIEUR HARDOUIN.

Non.

MONSIEUR DES RENARDEAUX.

Elle est trop aimable, et vous êtes trop jeune pour que ce soit une mécontente.

MADAME BERTRAND, *à M. des Renardeaux.*

Vous êtes un impertinent, vous êtes un sot, et cet homme-là est un scélérat avec lequel je ne vous conseille pas d'avoir quelque chose à démêler. *(Puis elle se remet dans son fauteuil.)*

MONSIEUR DES RENARDEAUX.

Elle a de l'humeur. Et notre affaire ?

MONSIEUR HARDOUIN.

Finie.

MONSIEUR DES RENARDEAUX.

Et vous avez mis la dame Servin à la raison ?

MONSIEUR HARDOUIN.

Dix mille francs, et tous les frais de procédure payés.

MONSIEUR DES RENARDEAUX.

J'aurois pu porter mes demandes jusqu'où il m'auroit plu. La loi est formelle : *Celui qui adire...* mais dix mille francs, cela est honnête. Et la chaise à porteurs?

MONSIEUR HARDOUIN.

Et la chaise à porteurs.

MONSIEUR DES RENARDEAUX.

Fort bien. Mais, tandis que vous terminiez mon affaire, je m'occupois de la vôtre. Je persiste dans mon premier avis. Je ne plaiderois pas ; mais, si

vous aviez résolu le contraire, je crois qu'il y auroit un biais à prendre.

MONSIEUR HARDOUIN.

Que voulez-vous dire avec votre biais? Je ne
vous entends pas.

MONSIEUR DES RENARDEAUX.

N'avez-vous pas perdu votre sœur?

MONSIEUR HARDOUIN.

Moi, j'ai perdu ma sœur! et qui est-ce qui
vous a fait ce mauvais conte-là?

MONSIEUR DES RENARDEAUX.

Pardieu, c'est vous.

MONSIEUR HARDOUIN.

Ma sœur est pleine de vie.

MONSIEUR DES RENARDEAUX.

Quoi! vous ne m'avez pas dit que son amie...

MONSIEUR HARDOUIN.

Chansons, chansons. Est-ce qu'on fait de ces
chansons-là à un vieil avocat bas-normand, et qui
est quelquefois délié?

MONSIEUR DES RENARDEAUX.

Vous êtes un fripon, un fieffé fripon. Je gagerois que, quand je vous ai donné ma procuration,
vous aviez en poche la procuration de la dame.

MONSIEUR HARDOUIN.

Et vous devinez cela?

MONSIEUR DES RENARDEAUX.

Madame, joignez-vous à moi et étranglons-le.

MADAME BERTRAND.

Et de deux.

MONSIEUR DES RENARDEAUX.

Ah ! si j'avois su ! J'y perds dix mille francs, oui, dix mille francs... Vous avez été l'ami de la dame Servin, mais non le mien.

MONSIEUR HARDOUIN.

Je ne désespère pas qu'elle ne m'en dise autant.

MONSIEUR DES RENARDEAUX.

Mais nous verrons... nous verrons... Il y a lésion, il y a lésion d'outre moitié... Il y a la voie d'appel, il y a la voie de rescision.

MONSIEUR HARDOUIN.

En faveur des innocens. (*M. des Renardeaux se jette dans un autre fauteuil.*)

SCÈNE IX.

**MONSIEUR HARDOUIN, MADAME BER-
TRAND, MONSIEUR DES RENARDEAUX,
MADAME DE CHEPY.**

MADAME DE CHEPY.

Puisque Monsieur donne ses audiences chez moi, auroit-il la bonté de m'y admettre et de m'apprendre s'il est bien satisfait de la manière dont il oblige ses amis ?

MADAME BERTRAND.

Et de trois.

MONSIEUR HARDOUIN.

Pas infiniment, Madame, et cela n'encourage pas à servir. Mais venons au fait : de quoi Mme de Chepy se plaint-elle ?

MADAME DE CHEPY.

Elle se plaint de ce que M. Hardouin lui permet de se compter au nombre de ses amis ; qu'elle arrive à Paris malade et pour six semaines ; de ce qu'on daigne à peine une fois s'informer de sa santé ; et qu'on choisit tout juste ce temps pour se renfermer dans une campagne et s'exténuer l'âme et le corps, à quoi faire ? peut-être un mécontent.

MONSIEUR HARDOUIN.

Peut-être deux : un autre et moi.

MADAME DE CHEPY.

Ce n'est pas M. Hardouin qui me cherche, c'est Mme de Chepy qui court après lui. A force d'émissaires, enfin elle parvient à le déterrer. Elle est installée chez une femme charmante qui l'estime et qui l'aime ; elle désire lui témoigner sa sensibilité pour toutes ses attentions, par une petite fête. Elle a recours à son ancien ami M. Hardouin, et ce qu'il a fait pour vingt autres qui ne lui sont rien, qu'il connoît à peine, il le refuse à Mme de Chepy pour l'offrir à sa femme de chambre : Monsieur, Madame, qu'en penséz-vous ?

MONSIEUR DES RENARDEAUX.

Ce n'est que cela? Et s'il vous en coûtoit dix mille francs, comme à moi?

MADAME BERTRAND.

Et s'il vous en coûtoit l'honneur comme à moi? Je les trouve plaisans tous deux, l'une avec sa pièce, l'autre avec ses dix mille francs.

MONSIEUR HARDOUIN.

Mais, Madame, si la pièce étoit faite.

MADAME DE CHEPY.

Oui, si, mais elle ne l'est pas; et, quand elle le seroit, si elle m'est inutile à présent qu'il n'y a rien d'arrangé et que tous mes acteurs sont en déroute?

MONSIEUR HARDOUIN.

Ce n'est pas de ma faute.

MADAME DE CHEPY.

Et l'humeur enragée et la migraine que cela m'a données; c'est peut-être de la mienne.

MONSIEUR HARDOUIN.

Je suis né, je crois, pour ne rien faire de ce qui me convient, pour faire tout ce que les autres exigent et pour ne contenter personne, non, personne, pas même moi.

MADAME BERTRAND.

C'est qu'il ne s'agit pas de servir, mais de servir chacun à sa manière, sous peine de se tourmenter beaucoup pour n'engendrer que des ingrats.

MONSIEUR DES RENARDEAUX.

C'est bien dit, rien n'est plus vrai.

MADAME DE CHEPY.

Et vous attendez peut-être de la reconnoissance de Mme de Vertillac ?

MONSIEUR HARDOUIN.

Pourquoi pas?

MADAME DE CHEPY.

La voici. Je vous en préviens, elle va vous le dire.

SCÈNE X.

MONSIEUR HARDOUIN, MADAME BER-TRAND, MONSIEUR DES RENARDEAUX, MADAME ET MADEMOISELLE DE VER-TILLAC, MONSIEUR DE CRANCEY, MADAME DE CHEPY.

MADAME DE VERTILLAC, *à M. Hardouin.*

Monsieur, qu'est-ce que ces lettres que vous m'avez montrées ? Qu'est-ce que ce dédit que monsieur a dressé et que vous m'avez fait signer? Répondez, répondez.

MONSIEUR HARDOUIN, *à Mme de Vertillac.*

Je n'ai pas trop mémoire de tout cela. Monsieur de Crancey, ne vous ai-je pas écrit? ne m'avez-vous pas répondu?

MADAME DE VERTILLAC.

Vous avez eu avec moi un procédé auquel on ne sait quel nom donner ; celui d'abominable est trop doux. Jamais un homme honnête s'est-il permis de pareils expédiens ?

MONSIEUR HARDOUIN.

Les circonstances et le caractère des personnes n'en laissent pas toujours le choix.

MONSIEUR DES RENARDEAUX.

Qu'a-t-il donc fait à celle-ci ?

MADAME BERTRAND.

Il ne lui aura pas fait pis qu'à moi ; je l'en défie.

MADAME DE VERTILLAC.

Il me traduit mon enfant comme une fille sans mœurs.

MONSIEUR DES RENARDEAUX.

Diable !

MADAME DE VERTILLAC.

Il me met dans l'alternative ou de perdre une portion considérable de ma fortune, ou de disposer de la main de ma fille à son gré.

MONSIEUR DES RENARDEAUX.

Diable !

MADAME DE VERTILLAC.

Il fait pis : il m'humilie ; après m'avoir plongé un poignard dans le cœur, il s'amuse gaiement à le tourner... Éloignez-vous, Monsieur ; éloignez-vous au plus vite, vous entendriez de moi des choses que je serois. peut-être honteuse de vous avoir dites.

MONSIEUR HARDOUIN.

Voilà l'histoire du moment, mais c'est au temps que j'en appelle. J'ai causé une peine cruelle à madame, j'en conviens; mais j'en ai fait cesser une longue et plus cruelle; j'en appelle à **M.** de Crancey et à mademoiselle, voilà mes juges. J'ai ramené madame à l'équité et à sa bonté naturelle; et, sous quelque face que mon procédé soit considéré, s'il en résultoit à l'avenir son propre bonheur, celui de mademoiselle sa fille, celui de Crancey, celui des deux familles...

MONSIEUR DE CRANCEY.

Cela sera, mon ami; Madame, cela sera, n'en doutez pas.

MONSIEUR HARDOUIN.

Alors madame verroit les choses comme elles sont, se ressouviendroit des reproches amers qu'elle m'adresse, et j'ose me flatter qu'elle en rougiroit.

MADAME DE CHEPY.

En attendant, Monsieur, vous vous êtes manqué à vous-même.

MADAME DE VERTILLAC.

Vous l'avez dit, mon amie, vous l'avez dit. Avec tout son esprit, l'imbécile a ignoré ce qu'il avoit conservé d'empire sur mon cœur.

MONSIEUR HARDOUIN.

J'aurai de la peine à me repentir d'une faute à laquelle je dois un aussi doux aveu.

MADAME DE CHEPY.

Êtes-vous folle? Vous venez pour l'accabler d'injures, et vous lui dites des douceurs!

MADAME DE VERTILLAC.

Et voilà comme nous sommes toutes avec ces monstres-là.

SCÈNE XI.

MONSIEUR HARDOUIN, MADAME BERTRAND, MONSIEUR DES RENARDEAUX, MADAME DE CHEPY, MADAME ET MADEMOISELLE DE VERTILLAC, MONSIEUR DE CRANCEY, MADEMOISELLE BEAULIEU, *avec son rôle à la main.*

MONSIEUR HARDOUIN.

A l'air de celle-ci, je gage que c'est encore une mécontente.

MADEMOISELLE BEAULIEU.

Pourriez-vous m'apprendre, Monsieur, quel est l'insolent qui a écrit cela?

SCÈNE XII.

MONSIEUR HARDOUIN, MADAME BER-
TRAND, MONSIEUR DES RENARDEAUX,
MADAME DE CHEPY, MADAME et MA-
DEMOISELLE DE VERTILLAC, MON-
SIEUR DE CRANCEY, MADEMOISELLE
BEAULIEU, MONSIEUR DE SURMONT,
sur les pas de Mlle Beaulieu.

MONSIEUR HARDOUIN, *en montrant **M.** de Surmont.*
Le voilà.

MONSIEUR DE SURMONT, *à **M.** Hardouin.*
C'est fait, je vous l'apporte. Cela est gai, cela est
fou, et, pour un amusement de société, j'espère que
cela ne sera pas mal... Voilà nos acteurs apparemment? La troupe sera charmante. (*Il les compte.*)
Une, deux, trois... C'est précisément le nombre
qu'il me faut... Mais je les trouve tous diablement
tristes... Mesdames, si je vous fais attendre, je
vous en demande mille pardons.

MONSIEUR HARDOUIN.
Voilà un incognito bien gardé!

MONSIEUR DE SURMONT.
Ma foi, je n'y pensois plus... Messieurs, j'ai
travaillé sans relâche; il m'a été impossible d'aller
plus vite, encore cette bagatelle étoit-elle en ébauche

dans mon pertefeuille. On copioit les rôles à mesure que j'écrivois... Il me faut d'abord deux amans, et deux amans bien doux, bien tendres, bien tourmentés par des parens bizarres, et les voilà. (*A Crancey*.) Souvenez-vous, Monsieur, que vous êtes d'une violence dont le Saint-Albin du *Père de famille* n'approche pas...

MONSIEUR DE CRANCEY.

Cela ne me coûtera rien.

MONSIEUR DE SURMONT.

Ensuite une veuve bien emportée, bien têtue, bien folle, bonne pourtant. (*A Mme de Vertillac*.) Ce rôle vous conviendra-t-il?

MADAME DE VERTILLAC.

Bonne ! Pour mon malheur, je ne le suis que trop.

MONSIEUR DE SURMONT, *à la veuve*.

Eh ! vous voilà dans le costume que j'aurois désiré. Vous êtes, Madame, une jeune et jolie veuve qui joue la douleur de la perte d'un mari bourru qu'elle n'aimoit pas.

MADAME BERTRAND.

Et vous, Monsieur, vous êtes... Laissez-moi en repos.

MONSIEUR DE SURMONT, *à M. des Renardeaux*.

Vous, Monsieur, vous serez, s'il vous plaît, un vieil avocat.

MONSIEUR DES RENARDEAUX.

Bas-normand, ridicule et dupé?

MONSIEUR DE SURMONT.

Tout juste, tout juste. Je n'avois pas pensé à le faire bas-normand ; mais l'idée est heureuse, et je m'en servirai.

MONSIEUR DES RENARDEAUX.

Ne pourriez-vous pas, Monsieur, me dispenser de faire en un jour deux fois le même personnage? car je trouve que c'est trop d'une.

MONSIEUR DE SURMONT.

Rond, gros, replet, bien épais; non, non, je ne pourrois vous remplacer. (*A Mlle Beaulieu.*) Ah ! Mademoiselle, je compte que votre rôle vous aura plu, car je vous ai faite rusée, silencieuse, discrète surtout.

MADEMOISELLE BEAULIEU.

Mais il ne falloit pas oublier que j'étois honnête et décente.

MONSIEUR DE SURMONT.

C'est une licence de théâtre. Mon ami, j'y suis, tu y es aussi, et voilà ton rôle ; il n'est pas court, je t'en préviens... Tu ne me réponds pas. Parle donc, est-ce que je me serais tué à faire une pièce qu'on ne jouera pas?

MONSIEUR HARDOUIN.

J'en ai le soupçon.

MONSIEUR DE SURMONT.

Cela est horrible, abominable.

MONSIEUR HARDOUIN.

Elle est peut-être mauvaise ?

MONSIEUR DE SURMONT.

Bonne ou mauvaise, elle est faite ; il faut qu'on la joue, ou je la fais imprimer sous ton nom.

MONSIEUR HARDOUIN.

Le tour seroit sanglant.

MONSIEUR DES RENARDEAUX.

Bravo ! Combien sommes-nous ici ? Dix, en le comptant, sans ceux qui sont absens et ceux qui surviendront, et pas un seul qu'il n'ait servi et avec lequel il ne soit brouillé.

SCÈNE XIII.

MONSIEUR HARDOUIN, MADAME BER-TRAND, MONSIEUR DES RENARDEAUX, MADAME DE CHEPY, MADAME et MA-DEMOISELLE DE VERTILLAC, MON-SIEUR DE CRANCEY, MONSIEUR DE SURMONT, MADEMOISELLE BEAU-LIEU, UN LAQUAIS.

(Le laquais présente un billet à M. Hardouin, qui le lit et le donne ensuite à M. des Renardeaux.)

MADAME CHEPY, *à M. Hardouin.*

Parlez vrai ; c'est de Mme Servin, et ma pré-diction s'est accomplie. J'en suis enchantée.

MONSIEUR DES RENARDEAUX.

Et ma chaise à porteurs?

MONSIEUR HARDOUIN.

Vous l'aurez, mais à une condition.

MONSIEUR DES RENARDEAUX.

Quelle?

MONSIEUR HARDOUIN.

Vous voyez la récompense que j'obtiens de mes services. Je suis attaqué de tous côtés, et je reste sans défense. Monsieur l'avocat de Gisors se placera dans ce grand fauteuil à bras; chacun des plaignans portera devant lui ses griefs, et il nous jugera.

MONSIEUR DES RENARDEAUX.

J'y consens. J'ai fort à propos déposé dans votre antichambre mon bonnet carré et ma robe de palais.

SCÈNE XIV.

LES MÊMES.

MONSIEUR DES RENARDEAUX *s'affuble d'une énorme perruque, d'un bonnet carré et d'une robe de palais, s'assied gravement dans le fauteuil à bras et dit à Mlle Beaulieu :*

Je vous constitue huissière audiencière. Appelez les parties.

MADEMOISELLE BEAULIEU.

Il y a plainte de la veuve Mme Bertrand contre le sieur Hardouin.

MONSIEUR DES RENARDEAUX.

Qu'elle paroisse... Quels sont vos griefs? de quoi vous plaignez-vous?

MADAME BERTRAND.

De ce que le sieur Hardouin que voilà se dit père de mon enfant.

MONSIEUR DES RENARDEAUX.

L'est-il?

MADAME BERTRAND.

Non.

MONSIEUR DES RENARDEAUX.

Levez la main et affirmez.

MADAME BERTRAND *lève la main.*

Et de ce que sous ce titre usurpé il sollicite une pension.

MONSIEUR DES RENARDEAUX.

L'obtient-il ?

MADAME BERTRAND.

Oui.

MONSIEUR DES RENARDEAUX.

Condamnons ladite dame Bertrand à restituer la façon.

MADEMOISELLE BEAULIEU.

Il y a une plainte des dame et demoiselle de

Vertillac et sieur de Crancey contre ledit sieur Hardouin.

MONSIEUR DES RENARDEAUX.

Que les dame et demoiselle de Vertillac paroissent... Quels sont vos griefs? de quoi vous plaignez-vous?

MADAME DE VERTILLAC.

C'est un homme horrible, abominable.

MONSIEUR DES RENARDEAUX.

Point d'injures. Au fond, au fond.

MADAME DE VERTILLAC, *à Mme de Chepy.*

Bonne amie, parlez pour moi.

MADAME DE CHEPY.

Pour consommer un mariage auquel une mère s'opposoit, il a supposé la fille grosse, il a contrefait des lettres et lié la mère par un dédit.

MONSIEUR DES RENARDEAUX.

Je sais. Que le dédit soit lacéré sur-le-champ; que le sieur Hardouin, la demoiselle de Vertillac et le sieur de Crancey se jettent aux pieds de Mme de Vertillac et que la dame de Vertillac les relève et les embrasse. (*Ils se jettent aux pieds de Mme de Vertillac, qui hésite et qui dit à Mme de Chepy :*)

MADAME DE VERTILLAC.

Que ferai-je, bonne amie?

MADAME DE CHEPY.

Ce que le juge ordonne et ce que votre cœur vous dit.

MADAME DE VERTILLAC *relève et embrasse sa fille et M. de Crancey, et dit à M. Hardouin :*

Et toi, double traître, il faut t'embrasser aussi. (*Et elle l'embrasse.*)

MADEMOISELLE BEAULIEU.

Il y a plainte de Mme de Chepy contre ledit sieur Hardouin.

MONSIEUR DES RENARDEAUX.

Je sais. Renvoyés dos à dos, sauf à se retourner en temps et lieu.

MADEMOISELLE BEAULIEU.

Il y a plainte du sieur des Renardeaux, avocat, juge et partie, contre le sieur Hardouin.

MONSIEUR DES RENARDEAUX.

Le sieur des Renardeaux pardonnera au sieur Hardouin, à la condition que ledit sieur Hardouin le mettra, sans délai ni prétexte aucuns, en possession d'une certaine chaise à porteurs, et qu'il subira une retraite de deux mois au moins à Gisors pour n'y rien faire ou pour y faire ce que bon lui semblera.

MADEMOISELLE BEAULIEU.

Il y a plainte du sieur de Surmont, bon ou mauvais poète, contre le sieur Hardouin.

MONSIEUR DES RENARDEAUX.

Qu'il paroisse... Quels sont vos griefs? de quoi vous plaignez-vous?

MONSIEUR DE SURMONT.

De ce que l'on me demande une pièce; qu'on se fait un mérite d'un service que je rends; que je m'enferme toute une journée pour faire la pièce; et, quand je l'apporte, qu'on me déclare qu'elle ne se jouera pas.

MONSIEUR DES RENARDEAUX.

Condamnons le sieur Hardouin, qui a commandé la pièce qu'on ne jouera pas, à une amende de six louis, applicable aux cabalistes du parterre de la Comédie-Française, sans compter les gages du chef de meute, à la première représentation de la pièce que le bon ou le mauvais poète de Surmont fera et qu'on jouera.

MADEMOISELLE BEAULIEU.

Il y a plainte d'une demoiselle Beaulieu contre les sieurs de Surmont et Hardouin conjointement.

MONSIEUR DES RENARDEAUX.

Qu'elle paroisse... Quels sont vos griefs? de quoi vous plaignez-vous?

MADEMOISELLE BEAULIEU.

D'un vilain rôle, d'un rôle malhonnête. A chaque ligne, à chaque mot, ma pudeur alarmée...

MONSIEUR DES RENARDEAUX.

Condamnons le sieur de Surmont, poète indécent, à s'observer à l'avenir, et, pour le moment, à prendre la main de mademoiselle, sans la serrer, et

à la présenter à l'amie de sa maîtresse pour en obtenir quelque grâce, si le cas y échet.

>*Tous, excepté Mme Bertrand, qui reste affligée*
>*dans son fauteuil.*

Bravo ! bravo !

>MADEMOISELLE BEAULIEU.

Paix là, paix là, paix là !

SCÈNE XV.

LES MÊMES et LE MARQUIS DE TOURVELLE.

LE MARQUIS DE TOURVELLE.

Monsieur Hardouin, je n'ai qu'un mot à vous
dire. Vous vous êtes fait un jeu cruel de m'en imposer. Je ne sais quels sont vos principes, mais
vous ne tarderez pas à connoître ce que cette im-
posture a d'odieux, et vous en aurez un long
repentir.

>MONSIEUR DES RENARDEAUX.

Monsieur le marquis, présentez vos griefs à la
cour, et il en sera fait justice sur-le-champ.

>LE MARQUIS DE TOURVELLE.

Serviteur.

>MONSIEUR HARDOUIN.

C'est Mme de Vertillac qui a causé mon erreur
en brouillant les noms.

MADAME DE VERTILLAC.

Mais vous êtes-vous trompé de bonne foi?

MONSIEUR HARDOUIN.

Je ne fais pas autre chose.

MADAME DE VERTILLAC.

Ah! ah! ah! cela est aussi trop comique. J'en écrirai demain à mon intendante; comme elle en rira!

SCÈNE XVI.

LES MÊMES, AVEC LES PETITS ENFANS CACHÉS DANS LES COULISSES, ET MADAME DE MALVES.

MONSIEUR DE SURMONT.

Allons, Mademoiselle, le juge a prononcé, il faut obéir à justice.

MADEMOISELLE BEAULIEU.

Non, Monsieur, non; je ne me fie point à vous. Il vous échappera quelques indécences qui me feront rougir et qui blesseroient Mme de Malves, qui n'est pas faite à ce ton-là.

MONSIEUR DE SURMONT.

Ne craignez rien. Vos enfans sont-ils là?

MADEMOISELLE BEAULIEU.

Oui.

MONSIEUR DE SURMONT, *à Mme de Malves.*

Madame, vous êtes toujours indulgente, et nous

avons pensé que vous le seriez encore davantage aujourd'hui. Je me suis chargé de vous apprendre une nouvelle et de vous demander deux grâces. La nouvelle et la première des grâces, c'est de faire pardonner à mademoiselle d'avoir caché à sa maîtresse qu'elle n'étoit pas mariée.

MADEMOISELLE BEAULIEU.

Mais, Monsieur, je ne le suis pas non plus.

MONSIEUR DE SURMONT.

Vous direz qu'il faut qu'elle épouse le père ? S'il n'y en avoit qu'un, cela se feroit ; mais ces demoiselles se sont mises à la mode, chacun de nos enfans a son père.

MADEMOISELLE BEAULIEU.

Monsieur, vous extravaguez.

MONSIEUR DE SURMONT.

Autant de pères que d'enfans, ni plus ni moins... L'autre grâce, c'est de vous présenter ces enfans. Il n'arrive pas souvent à une fille honnête de mener à sa suite un petit troupeau d'enfans ; permettez aux nôtres d'entrer... Mademoiselle, avez-vous assez rougi sans savoir de quoi ?... Faites entrer vos petits, madame y consent.

SCÈNE XVII.

LES MÊMES, ET LES PETITS ENFANS AVEC DES BOUQUETS.

MADEMOISELLE BEAULIEU.

Madame, permettez à l'innocence de vous offrir...

MONSIEUR DE SURMONT.

L'hommage de la malice.

MADEMOISELLE BEAULIEU.

Ne voilà-t-il pas que vous m'embrouillez et que je ne sais plus où j'en suis ?

MONSIEUR HARDOUIN.

Je ne vous aurois pas soupçonnée de perdre si facilement la tête.

MONSIEUR DE SURMONT.

Mais j'ai fait le compliment, et il faut qu'on le dise.

MONSIEUR HARDOUIN.

L'année prochaine... Allons, petits, présentez vos bouquets à madame. (*Cependant M. de Surmont dit tout bas à Mlle Beaulieu :*) Parmi ces enfans-là, n'y en auroit-il pas un que vous aimeriez mieux que les autres ? Montrez-le-moi afin que je le baise.

(On commence à danser un ballet et à chanter des couplets à la louange de Mme de Malves.)

SCÈNE XVIII.

LES MÊMES, MONSIEUR POULTIER.

MADAME BERTRAND, *interrompant les couplets.*

C'est M. Poultier ! c'est lui !... Monsieur, je suis une femme honnête. Sans une triste aventure, jamais je n'aurois approché de votre perfide ami. Je ne le connois que d'aujourd'hui. Ne croyez rien de ce qu'il vous a dit.

MONSIEUR DES RENARDEAUX, *à part.*

Tant pis pour elle.

MONSIEUR POULTIER, *à M. Hardouin.*

Et cet enfant ? Parlez donc... cet enfant ?

MADAME BERTRAND.

Le cruel homme ! Parlera-t-il ?

MONSIEUR HARDOUIN.

Cet enfant ? Il est charmant. Je ne vous ai pas dit qu'il fût de moi, mais je le supposois. En conscience, il faut que je le restitue au capitaine Bertrand.

MONSIEUR POULTIER.

Le traître ! comme il m'a dupé !

MADAME BERTRAND.

Lorsque vous teniez Binbin sur vos genoux...

MONSIEUR POULTIER.

J'étois bien ridicule. Mais qui est-ce qui n'y auroit pas donné? Il en avoit les larmes aux yeux.

MONSIEUR HARDOUIN.

Monsieur l'avocat de Gisors, plaidez donc pour moi.

MONSIEUR DES RENARDEAUX.

C'est sa mine hypocrite qu'il falloit voir; c'est son ton pathétique qu'il falloit entendre lorsqu'il s'affligeoit de la mort de sa sœur!

MADAME DE VERTILLAC.

Plus de confiance en celui qui peut feindre avec tant de vérité. Quand je pense à mon désespoir, à son sang-froid, à ses consolations cruelles!

MADAME BERTRAND.

Me voilà réhabilitée dans votre esprit; mais le ministre? mais sa femme?

MONSIEUR HARDOUIN, *à Mme Bertrand.*

Et vous donnez dans cette confidence?

MONSIEUR POULTIER.

Pourquoi non?

MONSIEUR HARDOUIN.

C'est qu'elle ne s'est point faite.

MONSIEUR POULTIER.

Le scélérat! l'insigne scélérat! Je croyois m'amuser de lui, et c'est lui qui me persifloit.

MADAME DE CHEPY.

Est-il bon? est-il méchant?

MADEMOISELLE BEAULIEU.
L'un après l'autre.
          MADAME DE VERTILLAC.
Comme vous, comme moi, comme tout le monde.
          MADAME BERTRAND, *à M. Poultier.*
Et je n'ai point à rougir...
          MONSIEUR POULTIER.
Non, non, Madame... Mais je venois partager
votre joie, et je crains de l'avoir troublée.
          MONSIEUR DE SURMONT.
Nous chantions quelques couplets à l'honneur de
Mme de Malves, et nous allons les reprendre.

(On reprend les couplets, et le quatrième acte finit.)

NOTES

Page 90, ligne 9. L'abbé Grisel, ou Grizel, sous-pénitencier de l'Église de Paris et confesseur de l'archevêque, était un directeur fort à la mode.

Page 91, ligne 15. Cet abbé Gauchat était, comme Diderot, de Langres.

Page 94, ligne 10. *Jérôme Pointu* est une farce de Robineau, dit Beaunoir, auteur dramatique, né en 1746 et mort en 1823 : il fit pour les petits théâtres de Paris beaucoup de pièces qui pendant longtemps eurent une grande vogue.

Page 109, ligne 5. Jean-François Copel, dit le père Élisée, né à Besançon, prit l'habit de carme en 1745. Envoyé en 1751 à Paris, où il fut très appuyé par Diderot, il y obtint de grands succès comme prédicateur. Il mourut à Pontarlier en 1783.

Page 123, ligne 23. Il est ici question de Franklin, qui, comme on le sait, habita Passy, dont une rue a gardé son nom.

Imprimé par Jouaust et Sigaux

POUR LA COLLECTION

DES PETITS CHEFS-D'ŒUVRE

M DCCC LXXXIV